박상진 한류 칼럼집

한류이야기

트로트·K-POP·국악

한류이야기
트로트·K-POP·국악

초판 1쇄 발행 2024년 7월 1일
초판 2쇄 발행 2024년 9월 1일

지은이 | 박상진

펴낸이 | 송진숙
펴낸곳 | 세음

주   소 | 서울특별시 중구 충무로 7-1, 202호
전   화 | 02-2268-5985
팩   스 | 02-2268-5993
이메일 | ssign00@hanmail.net
출판신고 | 2019년 3월 7일 제2019-000031호

ISBN 979-11-986296-2-3

• 이 책은 국악신문의 일부 지원금을 받아 출판되었음.

박상진 한류 칼럼집

한류 이야기

트로트·K-POP·국악

박상진 지음

세음

책을 내며

2021년 3월 초 TV조선의 '내일은 미스트롯2'가 막바지에 접어들고 있었다. 그 한 달 전 쯤 국악신문으로부터 연락이 왔다. '한국의 트로트와 일본 엔카의 비교연구'라는 필자의 논문을 보고 '트롯 이야기'를 칼럼으로 연재하자는 제안이었다. 그런데 제안을 받고 보니 '트롯 이야기'는 소재가 다양하지 못해서 '한류 이야기'로 바꾸게 되었다. 그것은 '한류 콘텐츠를 위한 정책 방향 연구'라는 필자의 논문에 기반해서 '박상진의 한류 이야기'의 연재가 가능했기 때문이다.

막상 결정하고 나니 걱정이 앞섰다. 왜냐하면, 짧은 인사말이나 논문은 그 형식을 갖춰서 내가 주장하는 바를 쓰면 되지만 칼럼은 짧은 기사 속에 사회의 관심 거리와 시사성, 음악의 전문성 등이 보편적 언어와 촌철살인적 짧은 경구를 그것도 문화적 언어를 통해 표현할 수 있어야 하는데 필자는 스스로 그것이 부족하다고 판단했기 때문이다.

그런데 구세주가 나타났다. '문화유산국민신탁(The National Trust for Cultural Heritage)'의 김종규 이사장님께서 직접 이어령 선생님의 사인을 받은 책 『이어령, 80년 생각-김민희 지음』을 선물로 주셨다. 박상진 교수님께 이어령 2021. 2. 9. 라는 이어령 선생님의 친필 사인이 적혀 있었다. 필자는 이 책에서 많은 영감을 얻게 되었다. 트로트 이야기와 K-POP 이야기를 연재하면서 처음 도입부분은 이 책의 멋진 문구를 거의 베끼다시피 썼다. 그럴 만큼 이 책은 필자가 칼럼을 연재하면서 하나의 텍스트였고 지침서였다.

그리고 이 책은 다색다양한 문화적 언어가 수두룩하다. 필자는 이 언어들을 인용, 차용, 참조하였다. 아마도 그 글의 절반은 김민희 작가의 글일 것으로 생각한다. 감사하게 생각한다. 그리고 '한류 이야기' 칼럼은 많은 언론의 기사들을 참조하였다. 특히 K-POP 관련 칼럼은 각종 언론사의 기사들을 참조하였음을 밝혀두는 바이다.

'한류와 4차산업혁명'의 항목에서 우리는 4차산업혁명의 시대에 들어섰다고 했는데 이를 성공시킴으로써 제2의 한강의 기적을 만들어 내고 한류를 지속시켜야 한다. 그리고 우리는 그것에 대한 준비는 하고 있는 것인지를 돌아보아야 한다. 여러 정치상황과 한반도의 지정학적 문제를 극복할 수 있는 '새로운 길'을 모색할 시점이라고 보는 것이다. 인류 문명사를 되돌아보면, 새로운 길이 열릴 때 비로소 새로운 시대가 열렸다. 이 대목은 인류 문명사의 '새로운 길'인 변곡

점에 대해서 살펴보는 항목이다. 이 항목은 전적으로 『한국의 선택-김태유·이대식 엮음』을 참조 인용하였다는 점을 밝힌다.

본 칼럼에서 필자가 전하고자 한 메시지는 트로트와 한류 즉, K-POP의 원형자산은 전통문화와 전통음악이라는 것이다. 그리고 한류는 어느 날 갑자기 하늘에서 떨어진 것이 아닌 역사적으로 또는 문화적으로 동북아권에서 몇 천년 동안 꾸준히 있어왔다는 것이다.

이제 그 칼럼을 모아서 한 권의 책으로 엮고 칼럼집을 『한류 이야기』라는 이름으로 부끄러움을 무릅쓰고 슬며시 세상에 내어 놓는다. 많은 이들의 관심과 질정(叱正)을 기대해 본다.

끝으로 많은 어려움 속에서도 이 책의 출간을 선뜻 응해 주신 도서출판 세음의 송진숙 대표님과 관계자 여러분에게 감사의 말씀을 전한다.

2024년 6월

박 상 진

제6장 BTS 이야기 – BTS와 아미 현상

제7장 국악 이야기 – '국악진흥법'

제1장

트로트 이야기

- 흙과 바람

집필를 시작하며

코로나 펜데믹으로 1년 넘도록 많은 사람들이 고통을 겪고 있다. 코로나 펜데믹은 세계적으로 코로나가 대유행하는 상태를 의미하는 말로서 세계보건기구(WHO)의 전염병 경보단계 중 최고위험 등급에 해당된다고 한다.

인류 최대 희생자를 낳았던 전염병은 중세 유럽에서 유행했던 흑사병인데 코로나19는 흑사병보다도 훨씬 많은 희생자가 발생하였다.

그렇다면 코로나19는 언제쯤 진정이 될 것인가? 전문가들마다 의견이 다양하다. 대체로 2~3년, 아니면 평생 코로나와 함께 살아야 한다는 의견도 있다. 참으로 앞이 보이지 않는 안개 같은 세상이라고 할 수 있다. 한 번도 가보지 않은 세상에 내던져진 미아 같은 생각이 든다.[1]

---

1) 김민희, 『이어령, 80년 생각』 23~31쪽, 참조 인용, 위즈덤하우스, 2021.

'사회적 거리두기'는 낯설다. 그러면서 평소 잊고 있던 '나와 너의 거리, 나와 집단과의 거리, 우리나라와 다른 나라와의 거리, 삶과 죽음의 거리 등을 발견하게 되었다.

그동안 살아왔던 방식과 내 자신의 성향도 새로이 느끼기도 하면서 앞만 보고 정신없이 달려왔던 것 같다. 그러다가 혼자가 되자 타인만을 바라보며 살던 나는 심한 고독감과 우울증과 함께 두려움과 죽음도 느끼게 되었다.

어른이든, 어린아이든, 노인이든, 환자든, 건강한 사람이든지, 전 국민이 전 세계인이 '전염될지', '격리될지' 걱정하면서 마치 여섯 발 중 한 칸에만 진짜 총알이 있는데 진짜 총알이 언제 나올지 몰라서 조마조마한 상황 같은 러시안룰렛 같다는 생각이다.

코로나 앞에선 누구나 불안하다. 슬픔으로 나에게 다가온다. 그러다가 나를 돌아보게 되었다. 나의 내면을 들여다보게 되었다. 이런 불안과 슬픔을 긍정적으로 승화시킬 수는 없을까?

제2차 세계대전 나치 독일을 피해 은신처에 몰래 숨어 지내다가 게슈타포에게 체포되어 집단수용소에 갇혀 지내던 안네 프랑크 (Anne Frank)는 16세에 죽었지만, 〈안네의 일기(Het Achterhuis)〉를 세상에 펴냄으로써 나치의 폭정을 고발하게 되었다. 〈안네의 일기〉는 갇혀 지내던 슬픔과 한이 원동력이 되어 새로운 창작물이 탄생하게 된 것이 아닐까.

일제 강점기의 우리 누이와 형님들은 우리말 교육은 고사하고 우리 이름조차 갖지 못하고 간난이나, 언년이, 돌쇠 등으로 불리었다. 한글을 제대로 익힐 기회가 없던 우리 조상들은 '안네의 일기장' 대신 우리의 민요와 판소리 그리고 일제 강점기의 한을 품은 '트로트'를 작곡하여 대중들에게 불려지게 하였다. 바로 우리 내면에 가지고 있던 내적 자유 프라이버시와 같은 소중한 가치를 대중예술을 통해서 발현하였던 것이다.

〈박상진의 한류이야기〉는 필자 자신의 끊임없는 내면의 갈등과 싸우면서 자유롭게 풀어가고자 한다. (2021.4.6)

한류 중 K-POP이 독보적

한류(韓流)는 한국문화가 세계적으로 소비되고 있는 현상을 말한다. 한류와 관련한 장르별 예를 들어보면, TV드라마는 1992년 한·중 수교 이후 1993년 〈질투〉를 시작으로 하여 1997년 〈사랑이 뭐길래〉가 수출되어 중국에서 인기를 얻게 되었다.

대중음악은 1998년 아이돌그룹 클론, H.O.T 등의 중국 진출과 함께 음반이 발매되기 시작하였다. 이로써 한류 스타가 탄생하게 되었고 한류라는 용어가 쓰이기 시작하였다. 이 때부터 한국의 문화산업도 급속하게 성장하게 되었다.

이 후 한류의 열풍은 중국뿐만 아니라 일본과 동남아시아 그리고 세계로 확산되었다.

또한 TV드라마, 대중가요, 영화 등 대중문화뿐만 아니라 가전제품, 김치, 고추장, 라면 등에 이르기까지 포괄적인 모든 현상까지도

한류라고 부르기에 이르렀다. 그 중에 특히 K-POP의 역할이 독보
적이다.

"싸이 때문에 세계가 한국을 주목하고 있다. 싸이는 한국의 영웅
이다."라고 2012년 한국을 방문한 에릭 슈미트 구글 회장은 말하였
다. 2012년도에 싸이의 〈강남스타일〉을 발표하면서 불기 시작한 싸
이 열풍은 2013년도에 UN 미래포럼(the Millennium Project)에서
'싸이현상'으로 명명되었다. 그리고 이러한 '싸이현상'을 미래학자들
은 대표적인 '미래현상'이라고 주장하기에 이르렀다.

2015년도에는 싸이의 〈강남스타일〉이 유튜브 조회수 25억뷰(용
량 확장으로 후에 40억뷰를 넘었음)를 넘었다고 한다. 소녀시대의 〈I
Got A Boy〉는 2013년 11월 3일 날 뉴욕에서 개최된 '제1회 세계
뮤직비디오 상'을 미국 최고의 여가수 레이디 가가를 제치고 아시아
가수로는 최초로 수상하였다.

21세기 비틀즈라고 불리며 아메리칸 뮤직 어워드 3년 연속 수상,
빌보드 핫100 1위, 그래미 어워드 후보에 오른 방탄소년단(BTS)은
2013년 중소기획사에서 데뷔했지만 번번히 수도권 진입에 실패하
였다. 멤버들 모두가 지방 출신으로서 그야말로 B급 신세의 소수자
로 아무도 거들떠보지 않았던 흑수저였던 것이다. 이들은 이러한 수
모를 뒤로 하고 일찌감치 해외로 진출하였다.

멤버들은 자신들이 겪은 고생했던 삶들을 유튜브에 자체 프로그램을 만들어 올렸다. 직접 트위터로 진솔하게 팬들과 소통하는 등, 스스로 활로를 개척해온 이들의 영향력은 점점 커지기 시작했다. 방탄소년단과 그들의 팬클럽인 '아미'가 이루어낸 여러 가지 변화들을 'BTS현상'이라고 부른다,

이제는 그 바통을 트로트가 이어 받는 것 같다. 2021년 3월 '우먼 센스(Woman Sense)'의 3040세대들을 대상으로 한 설문조사에 의하면 '트로트는 심금을 울리는 우리 가요의 대표 장르다'(30%), '스트레스 풀리는 신나는 노래다'(24%). '열풍에 휩쓸려 들어봤는데 의외로 좋다'(19%) 라는 반응이 나왔다. 이렇게 진화를 거듭한 트로트는 더 이상 할아버지, 할머니만 부르는 뽕짝이 아니다. 어떤 장르보다도 세련된 '2021 트로트'인 것이다. 유튜브에 외국인들이 만드는 트로트 콘텐츠가 줄을 잇고 있다. 그런데 트로트가 언제 생겨났는지 아시는가? (2021.4.20)

문패도 번지수도 없는 주막

 우리 고유의 전통문화는 일제 강점기의 문화말살정책으로 인하여 강제적으로 파괴당하는 아픔을 겪었다. 일부 기득권 세력은 일제의 보호를 받았다. 반대로 민초들의 대부분은 저항하였지만 속절없이 파괴당할 수밖에 없었다. 그러나 우리는 그 압박에 굴하지 않고 빠르게 적응하면서 다양한 분야에서 새로운 창조물을 만들어 내었다. 창조와 파괴는 동전의 양면이라고 했던가.[1]

 이때는 발뒤꿈치의 굳은살을 벗겨내듯이 농경사회에서 근대사회로 진입하는 문턱에서 문명사회로의 전환점이었던 시기이기도 했다. 다시 말해서 농촌이 도시가 되는 크나큰 변화의 소용돌이 한가운데를 지나는 시기로서 당연히 고통을 겪을 수밖에 없는 아주 어려운 시기였던 것이다.

---

1) 김민희, 앞의 책, 73쪽 인용 참조.

황금심의 '알뜰한 당신' : 1938년 1
월 발매 (사진/한국대중가요앨범)

새로운 서양문화가 유입되면 우리 민
초들의 대중음악인 민요, 판소리 등 전통
음악도 서양 문화의 영향 속에 위축될 수
밖에 없게 되었다. 따라서 서양음악도 여
러 장르가 밀려들어 오면서 민초들의 대
중음악도 변화를 가져오기 시작하였다.
전통음악인 민요, 판소리를 바탕으로 한
음악들이 자연스럽게 서양음악 형식을 빌린 음악으로 새로이 창작된
시기이기도 하였다. 유행가인 트로트도 그 중 하나였다.

중국 춘추전국 시대의 천리마를 알아보는 눈을 가진 백락에 얽힌
이야기에 의하면 천리의 초원을 달렸어야 할 천리마가 주인을 잘 못
만나 소금 짐이나 메고 있을 때, 안쓰러운 마음에 백락이 자신의 옷
을 벗어 덮어주자 천리마는 눈물을 흘리며 감동하여 하늘을 향해 크
게 울었다고 한다. 알아봐주는 사람이 없으면 천리마는 결국 묻혀버
리는 소금 짐이나 지는 소금장수의 말에 불과하다. 천리의 초원을 달
려야 하는 귀중한 천리마가 소금 짐이나 끌며 매질을 당한다고 생각
하면 안타까운 일이 아닐 수 없다.

하지만 영민한 우리 조상들은 스스로 길을 찾는 천리마가 되어 우
리도 모르게 갇혀 있던 고정관념이나 인습의 감옥에서 스스로를 탈
주시켰다. 유행가인 트로트를 통해서 우리의 민족의식에 불을 지르

고 자아의식을 깨우고 도시의 문패와 번지수로 설명되는 자아를 노래하도록 한 것이다.

불을 지르지 않는 화전민은 씨를 뿌릴 수 없다. 이는 새 시대의 새 가치를 담자는 창조의 의미도 있다. 고정불변의 전통에 갇혀 새 가치를 창조하지 못하는 유산상속자들과는 달리 새로운 시대상을 담기 위해서 한 손에는 곡괭이를 들었고 한 손으로는 스스로 태운 재 속에 씨를 뿌렸던 것이었다.

성도 이름도 빼앗긴 채 나의 사는 집도 온전하지 못해 "문패도 번지수도 없는 주막에/궂은 비 나리 던 그 밤이 애절쿠려/능수버들~"을 노래하며 빼앗긴 나라의 슬픔을 노래했다. 그러나 그 노래는 문패와 번지수를 찾고 나의 집을 찾겠다는 열망과 역설적으로 민족적 자아를 드러낸 노래였다. 또한 그 노래(트로트)는 일제 강점기의 강압적인 이질적 문화의 틈바구니 속에서 그 시대의 갈등과 응축된 내면의 자의식을 각혈하듯 토해냈다.

이렇게 절망적인 암울한 상황에서도 "울고왔다 울고가는 /설운 사정을/당신이 몰라주면~"으로 노래하는 '알뜰한 당신'을 부르면서 사랑하는 이웃과 가족을 위로했고 "나는 가슴이/두근거려요/당신만 아세요/열일곱 살이에요~"의 가사로 부르는 '나는 열일곱 살이에요'를 부르면서 희망의 끈을 놓지 않았다. (2021.5.4)

'대중 명곡'인 트로트의 탄생

　구한말의 한국은 일본과 음악적으로 교류하기 이전인 1870년 경부터 교회를 중심으로 서양음악을 가르치기 시작하였다. 1901년부터 1916년까지는 독일인 프란츠 에케르트(1852~1916)가 우리나라로 건너와 이왕직군악대장으로 복무하며 양악을 가르치기도 했다. 1910년 경부터는 본격적인 음악학교들이 설립되어 이미 '조선정악전습소' '이화학당' '배제학당' 등에서 서양식의 성악과 기악을 가르치고 있었을 뿐만 아니라, 이 시기에 이미 '시카고 음악학교' 등 미국이나 유럽으로 유학을 다녀오는 이들도 있었기 때문에 창작가요를 작곡할 소양과 외국음악에 대한 정보를 충분히 갖춘 시기라고도 볼 수 있다. 이러한 바탕에서 1932년에는 '전수린'을 기폭제로 해서 한국 작곡가의 절정시대가 개막된다. 1926년부터 1936년 사이에 데뷔한 작곡가들을 살펴보자.

황성옛터 악보, 전수린 작곡, 왕평 작사, 이 애리수 노래 (출처 한국콘텐츠진흥원)

1927년 경성방송 개국을 계기로 '홍난파'와 함께 관현악단을 창설했던 〈찔레꽃〉〈직녀성〉 등의 대작을 남긴 '김교성'이 1932년에 빅타 레코드에 전속되었고 '김정구'의 친형이면서 배우, 가수, 작곡가를 겸한 천재 작곡가 '김용환'이 1932년 폴리돌에 전속되었으며, 일본 '무사시노 음악학교'를 졸업한 한국 서양음악의 선구자이자 피아니스트였던 〈홍도야 울지마라〉〈처녀총각〉 등을 남긴 '김준영'이 이 시기에 데뷔한다.

휘문고보를 졸업한 바이올리니스트 '문호월'은 〈노들강변〉, 이난영의 〈봄맞이〉, 남인수의 〈천리타향〉을 남겼고, 일본 음악학교를 졸업한 '손목인'은 고복수의 〈타향살이〉〈목포의 눈물〉 등의 주옥같은 선율을 남겼다. 그리고 일생동안 〈애수의 소야곡〉〈이별의 부산정거장〉〈신라의 달밤〉〈삼다도 소식〉 등 수많은 히트곡을 양산한 한국 최고의 작곡가 '박시춘'이 데뷔한 시기도 이 때이다. 그리고 한국의 슈베르트라고 불리는 '이재호'는 일본의 고등음악학교를 졸업하고 20세에 오케레코드에 전속되어 〈나그네 설움〉〈번지 없는 주막〉 등 불후의 명작을 쏟아낸다.

홍난파도 이 시기에 데뷔하는데 안옥경의 〈여인의 호소〉, 이규남의 〈유랑의 나그네〉 등을 발표하지만 그는 가곡 분야에서 더 두각을 나타내어 〈성불사의 밤〉〈봉선화〉 등의 주옥같은 음악을 남겼다.[1]

위와 같이 언급된 곡들은 거의 100년 동안 우리 국민 속에서 애환과 희비를 담아 불려온 명곡이라고 할 수 있겠다.

명곡의 사전적 의미는 매우 잘 만들어진 이름난 악곡을 말하는데 이 시절의 트로트 음악은 100년 동안 불려지고 연주되는 소위 명곡에 해당하는 음악이다. 다시 말해서 유행에 관계없이 대중이 늘 즐겨 듣거나 부르는 노래나 악곡으로서 '대중명곡'인 것이다.

이러한 곡들은 우리의 말을 빼앗겼고, 전통문화가 송두리째 말살

---

1) 이호섭, '네이버' 검색, 글 참조.

되는 아픈 마음에 난 상처를 덮은 딱쟁이를 도려내어 새살이 나게 하듯이 작곡되어졌다. 비록 서양음악의 낯선 틀 속에다가 작곡을 할 수밖에 없었지만 그 낯선 틀에 우리의 전통음악인 민요와 판소리의 요소들이 담겨진 대중음악으로 작곡한 것이다.

서양음악의 틀 속에 숨결을 불어넣어 새로운 개념인 우리만의 독특한 대중음악인 트로트를 탄생시킨 것이다.

서양음악의 틀인 음구성을 보통 7음음계, 5음음계, 3음음계라고 하는데 우리 전통음계도 7음음계, 5음음계, 3음음계 등으로 음이 구성되어 작곡을 할 때 활용되고 있다. 한국의 트로트인 대중음악을 작곡할 때 7음음계와 5음음계가 활용되고 있는 것이다.

그런데 일본의 엔카도 위의 음계를 활용하고 있다. 당연히 슬픈 음악일 때 미, 파, 그리고 시, 도가 쓰이는 것은 일본의 엔카나 한국의 트로트, 그리고 서양음악도 똑 같다.

오히려 한국의 슬픈 음악에서는 일본의 엔카보다 미, 파 또는 시, 도를 더 강하게 표현할 뿐만 아니라 꺾기까지 첨가해 슬픔을 극도로 표현한다. 음계에 관해서는 다음에 자세히 설명하도록 하겠다.

그렇다면 엔카라는 장르는 언제 만들어졌는가, 트로트와 엔카의 유래에 대해 살펴보기로 하겠다. (2021.5.18)

트로트와 엔카의 유래

　트로트라는 용어는 1914년 2박자 볼룸댄스 리듬의 하나인 폭스트로트(foxtrot)로부터 파생됐다는 설이 있다. '폭스'라는 수식어는 이 리듬을 고안해 낸 무용가인 핸리 폭스(Henry Fox)를 일컫는다. 미국에서 발원한 이 리듬이 1920년대에 일본과 조선에 상륙하면서 제각기 전통음악과 결부되어 트로트와 엔카로 정착되었는데 일본은 일본인 특유의 발음과 결합해 '도로토'가 됐다가 1960년대 이후 한국에서 트로트로 수정되어 하나의 장르로 굳어졌다.

　이 장르가 뽕짝이라는 별칭을 얻은 것도 이 무렵이다. 1960년대 중반 신문이나 잡지에서는 트로트와 뽕짝이라는 말이 혼용되었고 뽕짝이라는 용어는 비칭(卑稱)의 성격이 강해서 점차 트로트라는 말로 대체되었지만, 여전히 대중들 사이에서 뽕짝이라는 애칭(愛稱)으로 살아 숨쉬고 있다.

요즘 우리가 사용하는 트로트 장르는 리듬 패턴을 넘어 악곡양식 (song form)을 지칭한다. '흘러간 유행가'는 모두 트로트라고 불러도 지나치지 않다. 그러나 1950~1960년대에 나온 악보들을 보면 우리가 지금 트로트라고 부르는 음악을 모두 트로트라는 장르의 범주에 넣었던 것은 아니다. 트로트는 왈츠, 블루스, 탱고, 맘보, 룸바, 부기우기 등과 같이 하나의 '리듬'으로 간주되어 악보 앞에 씌어 있는 것을 볼 수 있다.[1] 이러한 곡들은 트로트 리듬이 아닌 것이다. 따라서 1950년대까지 트로트를 하나의 장르나 형식으로 보지 않았음을 알 수 있다. 그러므로 뽕짝이라고 부르는 소위 '엔카 스타일'의 '대중가요 트로트'는 현재 우리나라에만 있는 장르라고 볼 수 있다.

우리 국악인들은 노래방 기구가 없었을 시절에 소위 '뽕짝'인 유행가 노래를 부를 때는 장고장단에 맞추어 부르곤 했는데, 이 때 반주 장단은 망설임도 없이 '동살풀이 장단'을 치며 흥을 북돋우었다. 그런데 어색하지 않게 뽕짝 노래와 아주 잘 어울렸다. 이 장단에 흥겹게 어깨춤까지 추었다. 가사의 리듬에 따라서 자연스럽게 장단도 변화시키면서 말이다.

이러한 뽕짝 리듬인 유행가를 일본에서는 엔카라고 부르고 한국에서는 트로트라고 부른다. 그런데 한국의 트로트는 일본의 엔카를 흉내낸 왜색가요라고 한다. 그래서 부르기를 금지당하는 수모를 겪던 시절도 있었다.

---

1) 신현준 l. '네이버' 검색, 글 참조.

아직도 한국의 트로트는 일본의 음계인 미야꼬부시(都節)나 요나누끼 음계가 적용된 음악이라고 주장하는 이들이 있다. 현재도 이러한 비판 없는 주장들을 그대로 인용하고 받아 쓴 트로트 관련 기사들이 언론에 보도되기도 한다.

　"일본 엔카의 아류인 트로트"라고, 과연 한국의 트로트는 유행가가 시작된 일제 강점기 때부터 일본의 엔카를 흉내 낸 왜색가요인가? 아니면 엔카의 영향을 받은 그런 곡이 몇 곡 있다는 건가?

　먼저 일본의 음계인 미야꼬부시(都節)와 요나누끼 음계는 어떤 음계인지부터 알아보도록 하자.[2] 일본은 19세기인 1892년에 우에하라 로꾸시로라는 음악 이론가가 쓴 책 〈속악선율고(俗樂旋律考)〉에서 처음으로 '도시음계-음(陰)음계'라는 뜻인 '미야꼬부시(みやこぶし,都節)'와 '시골음계-양(陽)음계'의 뜻인 '이나까부시(いなかぶし,田舍節)'라는 음계이름이 쓰이기 시작하였다. 미야꼬부시는 상행(上行)음계인 '미 파 라 시 레 미', 하행(下行)음계인 '미 도 시 라 파 미'로 구성되고, 이나까부시'는 상행음계인 '솔 라 도 레 파(미) 솔', 하행음계인 '솔 미 레 도 라 솔'로 구성되어 있는 5음음계이다.

　'요나누끼(四七拔き)'음계는 일본어대사전은 물론 일본 음악사전에도 나오지 않는 신조어(新造語)이다. 즉 미야꼬부시의 다른 이름이

---

2) 신성원·나운영, '네이버' 검색, 글 참조.

라고도 할 수 있는데 '요나누끼(よなぬき)' 라는 말의 뜻은 요(よっつ =4), 나(ななっつ=7), 누끼(拔き=빼기)로서 7음계에서 4음과 7음을 뺀 나머지 5음음계를 말한다. 장음계의 경우는 파와 시를 뺀 '라 도 레 미 솔 라', 단음계의 경우에는 레와 솔을 뺀 '미 도 시 라 파 미'의 5음 음계를 '요나누끼 음계'라고 한다.

이러한 미야꼬부시를 바탕으로 만들어진 일본의 기타 교본으로 공부한 일부 대중가요 작곡가들은 기타 코드나 멜로디가 본의 아니 게 미야꼬부시 음계로 작곡되어져 왜색가요 시비가 일었던 것도 사 실인데 그 대표적인 노래가 1964년도의 〈동백아가씨〉이다.

그러나 5음음계라도 어떤 음과 조합하느냐에 따라 전혀 다른 음 계가 될 수 있다는 것이다. 이렇게 5음음계로 작곡되어진 곡은 〈새 마을 노래〉, 〈반달〉, 〈고향의 봄〉 등과 교회에서 불리는 찬송가 〈복 의 근원 강림하사〉, 〈내 주를 가까이〉 등은 물론 우리에게 친숙한 스 코틀랜드 민요인 〈올드 랭 사인〉, 〈어메이징 그레이스〉 등 우리나라 와 일본뿐만 아니라 서양의 전통민요들도 대부분 5음음계로 구성되 어 있다.

참고로 '요나누끼(四七拔き)'의 장음계는 일본에만 있는 음계가 아 니고, 음양오행(陰陽五行 : 木火土金水)의 원리에 따른 것으로 한국, 일 본, 중국에서 공통으로 사용되었다.[3] 즉 '요나누끼(四七拔き)'의 '도

---

3) 신성원, '네이버' 검색, 글 참조.

레 미 솔 라'는 한국의 전통음계인 '중(仲) 임(林) 남(南) 황(黃) 태(太)', 또는 무(無) 황(黃) 태(太) 중(仲) 임(林)에 해당한다. 그리고 판소리와 남도민요의 음구성인 '미 도 시 라 미'는 '파'가 생략된 '요나누끼(四七拔き)'의 단음계와 비슷하다. 또한 한국 전통음계는 서양음악의 음계와 같이 12음(音 : 律)으로 구성되어 있다.

일본 엔카의 대부라고 불리는 고가 마사오 작곡의 〈술은 눈물인가 한숨인가(酒は 涙か溜息か)〉와 한국의 전수린 작곡의 〈고요한 장안〉의 노래를 비교하여 서로 어떤 음악적 관계가 있는지 알아보고자 한다. (77쪽 항목 참조)

두 곡을 비교하는 이유는 〈고요한 장안(일본명, "원정")〉이 1932년도에 일본에서 발표됐을 때 일본 박문관(博文館)에서 출판하는 잡지 『신청년』에서 1931년도에 발표된 '고가 마사오'의 〈술은 눈물인가 한숨인가〉가 전수린의 〈고요한 장안(원정)〉을 표절했다고 하는 기사[4]가 실렸기 때문이다.

또한 일본 엔카를 대표하는 원로 가수이자 일본엔카협회 이사장인 다카기 이치로는 제피뉴스와의 인터뷰에서 엔카의 원조는 한국임을 밝힌 바 있다. 다카기 이치로는 "일본 엔카의 한 획을 그은 사람들은 대부분 한국의 피가 섞여 있으며 엔카 멜로디 원조는 한국입

----

4) 이호섭, '네이버' 검색, 글 참조.

니다."라고 언급하면서 고가 마사오가 유년시절 한국에서 살면서 한국에서 교육을 받았고 한국의 전통문화를 가까이 했음을 강조하며 엔카의 멜로디는 한국의 것이라는 점을 강조하기도 했다.

　고가 마사오와 전수린의 음악을 비교하기 전에 본 글에서는 편의상 뽕짝 스타일의 노래를 일본은 엔카, 한국은 트로트로 부르면서 비교하고자 한다. 또한 연구 범위는 고가 마사오 작곡의 〈술은 눈물인가 한숨인가〉와 한국의 전수린 작곡의 〈고요한 장안〉에 국한한다. (2021.6.1)

'트로트'의 다양한 이야기

트로트를 이해하기 위해서 몇 가지 배경 지식들을 설명해 보겠다. 트로트라는 뜻은 '빠르게 걷다', '바쁜 걸음으로 뛰다' 등의 뜻을 담고 있다. 트로트가 연주 용어로 굳어진 것은 1914년 이 후 미국과 영국 등에서 재즈의 한 요소로써 주로 싱코페이션 리듬인 당김음 주법의 피아노 연주 스타일인 '래그타임(ragtime)' 곡, 그리고 재즈 템포의 4분의 4박자 곡으로 추는 사교춤의 스텝 또는 그 연주 리듬을 일컫는 폭스트로트(foxtrot)로부터 시작됐다는 설이 있다.

그러나 오늘날 서양에서의 트로트는 사교댄스 용어로만 남아 있고 연주용어로는 사용하지 않는다. 참고로 1880년대부터 유행한 재즈 피아노 음악인 래그타임은 래그(rag)라고도 부르는데, 재즈의 특징인 즉흥연주를 하지 않으며 악보를 보고 연주한다.
사교춤은 볼룸댄스라고도 부르는데 사교적인 즐거움을 위해서 2명 내지 그 이상의 사람들이 모여 함께 추는 춤을 말하며, 왈츠(waltz), 탱고(tango), 차차차(cha cha cha) 등을 비롯해 블루스(blues), 부기우기(boogie woogie), 트위스트(twist) 등도 넓은 의미의 볼룸댄스라고 부른다.

'폭스'라는 수식어는 이 리듬을 고안해 낸 무용가인 핸리 폭스(Henry Fox)를 일컫는다. 미국에서 발원한 이 리듬이 1920년대에 일본과 한국(조선)에 상륙하면서 제각각 전통음악과 결부되어 트로트와 엔카로 정착하게 되는 것이다.

이 당시 한국에서의 전통음악과 결부되어 작곡되어진 곡들은 많다. 앞으로 차차 그 곡들을 소개하겠지만 그 대표적인 예가 바로 앞에서 소개한 '황성의 적', 즉 '황성 옛터'이다. '황성 옛터'는 국악의 중모리 장단에 가락을 얹어 작곡되어진 곡이다.

중모리의 한 장단은 한마디에 3/4 박자, 4마디의 총 12박으로, 떵-떡, 쿵떠떡, 떵-떡, 쿵-떡과 같은 식으로 이루어지는데 이러한 필자의 주장에 중모리 장단을 아는 사람은 금방 고개가 끄덕여질 것이다. 4분의 3박자로 작곡되어진 '황성 옛터'는 그 가사의 어법과 중모리 장단과는 너무 잘 어울리게 작곡되어진 것을 확인 할 수 있다.

물론 '황성 옛터'의 작곡자인 전수린은 국악의 중모리 장단으로 처음부터 기획하고 작곡한 곡은 아니다. 개성 부근의 만월대의 폐허를 보고 즉흥적으로 작곡하였으며, 배우 왕평이 그 곡의 선율을 듣고 가사를 붙였다고 하니 작곡자인 전수린의 몸과 마음에 스며있는 전통 음악적 바탕이 자신도 모르게 자연스럽게 표출된 것으로 보는 것이다.

이렇게 작곡된 '황성 옛터'가 이애리수의 한 맺힌 설움을 담아 부른 노래가 조선총독부의 금지곡에도 불구하고 삽시간에 전국적으로 퍼져 유행된 것은 당연한 현상이기도 하다. 이미 앞에서도 소개한 바와 같이 1928년에 작곡하여 연극무대의 막간 노래로 부르다가 1932년에 음반이 나오면서 순식간에 5만장이 발매되었다고 하니 바로 우리 전통음악 문화의 힘이 아닌가 생각해 보게 되는 것이다.

1920년대 이후 트로트 장르인 유행가들의 악보[1] 를 보면 대부분 4분의 3박자, 4분의 4박자, 혹은 8분의 6박자 등의 악곡에 작곡자가 곡 분위기에 따라 요구하는 '댄스곡'의 이름을 붙여 템포와 악상을 지시하고 있다. 왈츠, 블루스, 탱고, 맘보, 룸바, 부기우기 등과 같이 하나의 '리듬'으로 간주되어 악보 위에 씌어 있는 것을 볼 수 있다. 그렇다고 해서 악보 위에 씌어져 있는 댄스곡의 명칭들을 보면, 그 댄스곡의 리듬에 충실해서 작곡되어진 것도 아니다. 단지 그 댄스곡의 분위기 위주로 곡을 썼다는 의미가 더 큰 것으로 보여진다.

다시 말해서 1920년대 이후의 트로트는 아직 완벽하게 정리되지 않은 큰 틀의 트로트 장르의 새로운 창작곡에 폭스트로트의 리듬과 한국의 전통음악적 요소가 녹아들어간 트로트의 정착시기라고 볼 수 있겠다.

---

1) 신나라 레코드, 복각 악보 참조.

'흘러간 유행가'는 모두 트로트라고 불러도 지나치지 않다. 그러나 유행가(대중가요)의 장르가 좀 더 세분화되고 다양해지면서 또한, 음악적 역량이 높아지면서 리듬용어가 아닌 음악용어들이 가요계에 등장하기 시작한다. 1950~1960년대에 나온 악보들을 보면 트로트를 '흘러간 유행가'의 범주에 모두 넣었던 지금까지와는 달리 트로트라고 부르는 장르의 범주가 '폭스트로트'의 리듬 수준을 넘어 세분화되고 더욱 전문화되어 가는 것을 알 수 있다.

　그러므로 트로트의 템포와 악상 용어로 사용했던 왈츠, 블루스, 탱고, 맘보, 룸바, 부기우기 등의 용어들은 더 이상 사용하지 않게 된 것이다. 따라서 트로트는 1950년대까지는 하나의 장르나 형식으로 보지 않고 '흘러간 유행가'의 대명사로 여겼음을 알 수 있다. 요즘 우리가 사용하는 트로트 장르는 리듬 패턴을 넘어 악곡양식(song form)을 지칭한다.

　소위 '뽕짝'이라고 부르는 '트로트'는 혹자는 '엔카 스타일'이라고 말하며 현재 일본에서는 없어지고 우리나라에만 있는 용어라고 하는데 과연 그러한가? 그렇다면 왜 그럴까? (2021.6.15)

황성의 적(황성옛터) 음반 표지

고대 일본에 전해진 음악 '한류'

'뽕짝'에 관한 이야기를 하기 전에 일본음악과 한국음악의 관계를 역사적으로 좀 더 깊게 이해해 보는 것이 좋을 것 같다. 우리나라 음악이 고대 일본음악부터 근대 일본음악에 이르기까지 얼마나 큰 영향을 주었는지 알기 위하여 한국과 일본음악 교류의 역사를 찾아 삼국시대까지 거슬러 올라가 보기로 하였다.

역사적 사실을 살펴보는 것은 일본의 근대음악을 이해하는 것뿐만 아니라 더 나아가 '엔카'와 '뽕짝'을 이해하는데도 결정적으로 중요할 것 같아 소개하려고 한다.[1] [2]

일본은 고대로부터 우리나라의 문화를 받아들인 나라로서 문화적으로 아주 빈국이었다는 것은 대부분의 사람들이 잘 아는 사실이다. 물론 일본은 '임나일본부설'(고대 일본인 왜가 4세기 중엽에 한반도의 가야 지역을 군사적으로 정벌해 임나일본부라는 통치기관을 설치하고 6세기

---

1) 이일영, 블로그 「일본을 알아야 한다」, 참조
2) 송방송, 『한겨레음악대사전』 참조, 보고사, 2012.

중엽까지 한반도 남부를 경영했다는 학설. 그러나 현재는 학설로서의 생명력을 거의 잃었다)을 통해 우리나라의 문화를 받아들인 사실을 부인하고 역사를 왜곡하고 있지만 8세기 일본 나라시대(奈良時代) 때의 역사서인 '일본서기(日本書記)'에 아래와 같은 사실이 고스란히 기록되어 전해진다.

그 기록에 의하면 서기 453년에 일본의 19대 인교 천황(允恭天皇)의 장례식에 신라 제19대 눌지왕(訥祇王, ?~458)이 악공(악기를 연주하는 사람) 80여 명과 여러 악기를 보냈다는 기록이 있다. 그러나 일본역사서 일본서기는 이를 바쳤다고 왜곡하고 있다. 554년에는 일본 궁중에 백제 음악인이 와 있었는데 이 사람들과 교체하기 위하여 백제 성왕(523~554) 시대에는 팔품의 관직을 가진 삼근(三斤)이라는 음악인을 파견하여 일본으로 건너왔다고 기록하고 있다.
이러한 사실은 554년 이전에 이미 백제의 여러 음악인이 일본 궁중에서 음악을 담당하고 있었음을 확인할 수 있는 기록이다. 그 당

일본서기(日本書記)

시 일본에는 궁중 연희를 치를 만한 악기와 음악인이 없었다는 것을 의미한다. 그 이후 백제 무왕(600~640) 시대에는 예인(藝人) '미마지 (味摩之)'가 612년에 '기악무(伎樂舞)'를 일본에 전하였는데 이는 일본 의 전통 가면극인 '기가쿠(伎樂)'의 형성에 기여한 것으로서 '미마지' 가 일본 나라의 사쿠라이 마을에서 소년들을 모아 기가쿠를 가르쳤 다는 내용도 전해지고 있다.

우리나라 고구려 음악이 일본에 전해진 기록은 684년 제40대 천 황(天武天皇 ?~686) 때의 일이다. 이 기록에는 고구려 음악인 '고마가 쿠(高麗樂)'가 전해졌다고 하는데 '고마가쿠'는 일본의 궁중음악 '가가 쿠(雅樂)' 중 '신소우도쿠(進走禿: 가면춤의 일종)'가 되었다고 한다. 이 러한 기록들은 당시 고구려와 백제가 같은 악기를 사용하고 있었지 만, 일본에 서로 다른 음악으로 전해졌다는 사실로 미루어 보아 고구 려와 백제의 음악이 서로 다른 독자적인 음악 체계를 가지고 있었음 을 확인하게 된다.

그러나 중요한 사실은 이처럼 한반도의 고구려, 백제, 신라에서 음악을 전해 받은 일본은 4세기 중엽에서 6세기 중엽까지 가야 지역 의 임나 지방을 지배했었다는 황당한 역사 왜곡으로 현재까지도 임 나일본부설을 교과서에 담아 교육을 하고 있다는 것이다.

계속해서 일본의 '가가쿠(雅樂)'의 이야기를 하겠다. 중국의 수나라 (581~630)와 당나라(618~907)의 음악인 '도가쿠(唐樂)'도 일본에 전 해졌는데 우리나라 고구려 음악인 '고마가쿠(高麗樂)'가 '도가쿠' 보다 먼저 일본에 전해졌다는 것을 자신들의 역사적 기록인 '일본서기'에서 분명하게 기록으로 밝히고 있다.

'고마가쿠'는 848년 일본의 왕립음악기관인 '가가쿠료(雅樂寮)'의 악제개혁(樂制改革) 때 백제음악인 '구다라가쿠'와 신라음악인 '시라기가쿠'를 통폐합시켜 '가가쿠료'의 오른쪽인 우방(右坊)에 배치했다. 당나라 음악인 '도가쿠(唐樂)'는 '가가쿠료'의 왼쪽인 좌방(左坊)에 배치했는데 고구려 음악인 '고마가쿠'는 당나라 음악인 '도가쿠'와 함께 일본 '가가쿠(雅樂)'의 양대산맥으로 현재까지 전승되고 있다.

일본의 궁중음악 '가가쿠(雅樂)'와 함께 일본의 고유한 음악 중 무용과 노래가 함께 어우러진 음악 '쿠니부리노 우타마이(国風歌舞)'와 일본의 가요인 '우타이모노(謠物)'가 존재한다. 이러한 전통춤과 전통가요는 고구려 음악인 '고마가쿠'가 바탕이 되어 형성되어졌다. 일본의 전통 궁중음악 '가가쿠(雅樂)'의 '도가쿠(唐樂)'와 '고마가쿠(高麗樂)'는 관현악 중심의 실내음악이다.

무용 음악을 '부가쿠(舞樂)'로 부르고 기악 합주의 독립된 음악을 '칸겐(管弦)'으로 구분한다. 그밖에 다양한 종류의 민간 속악(俗樂)을 '호가쿠(邦樂)'로 분류하는데, 시간이 지나면서 일본 민속음악인 '호가쿠'를 '속악'이라고 부르고 있다는 것이다.

이렇게 고구려 음악인 '고마가쿠'의 음악이 일본에 끼친 영향이 '에도시대(1603~1868)'의 마지막 시대인 19세기 중반까지 계속 이어진다. (2021.6.29)

일본 전통음악 가가쿠의 뿌리는 고마가쿠

   현재까지 일본의 전통음악인 가가쿠(雅樂)로 전승되고 있는 고구려 음악인 고마가쿠(高麗樂)는 848년 일본의 왕립음악기관인 가가쿠료(雅樂寮)의 악제개혁(樂制改革) 때 백제음악인 구다라가쿠(百濟樂)와 신라음악인 시라기가쿠(新羅樂)를 통폐합시켜서 가가쿠료의 오른쪽인 우방(右坊)에 배치했다.

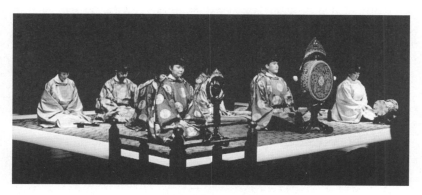

일본 고마가쿠 연주 모습

당나라 음악인 도가쿠(唐樂)는 가가쿠료의 왼쪽인 좌방(左坊)에 배치하였다. 그래서 현재 일본에서는 고마가쿠는 우방악, 도가쿠는 좌방악이라고도 부른다.

조금 더 역사를 거슬러 올라가 한반도에서 일본으로 건너간 음악가들의 활약상을 짚어보도록 하자. 다소 전문 용어가 많은 점 독자분들의 양해를 부탁드린다. 한번 쯤 확인해도 좋을 역사적 사실이라고 생각한다.

570년에 일본에서 고구려 사신이 머물던 고려관(高麗館), 또는 일명 상락관(相樂館)이 완성됐을 당시 고구려음악인 고마가쿠가 상락관에서 연주되었다. 701년 왕립음악기관인 가가쿠료의 직원령(職員令)에 의하면 당시에 고구려의 고려악사(高麗樂師)는 4명이었고 그 문하생인 고려악생(高麗樂生)은 20명이었다.

고려악사 4명은 횡적(橫笛; 가로부는 피리)·군후(箜篌; 거문고)·막목(莫目; 도피피리)·춤을 가르쳤다. 848년 악제개혁 이후 군후 곧 고구려 거문고는 연주되지 않았고, 그 대신에 고(鼓)가 추가되어 고마가쿠에서 연주되었다. 고마가쿠의 횡적은 현행 고마부에(高麗笛; 고려적)로 전승되었고 막목은 현행 히치리키(篳篥; 피리)로 전승됐으며, 고(鼓)는 현행 산노쓰즈미(三の鼓)로 전승되고 있다.

위의 악기를 간단히 설명하면 가로부는 피리인 고마부에는 한반도에서 일본으로 전파된 대금과 같이 옆으로 부는 악기이다. 고마부에는 한 개의 취구와 6개의 지공이 있고 길이는 37cm 지름은 9mm 정도로서 우리나라 대금보다는 작은 악기이다. 막목은 일본에서는 히치리키라고 부르는데 한반도에서 넘어간 악기로서 현재 우리나라의 당피리와 비슷하다.

악기의 길이는 약 18cm 정도이다. 산노쓰즈미는 우리나라의 장구의 형태와 똑같이 허리가 잘룩하다, 크기는 길이가 20cm 정도로 장구에 비하면 아주 작은 편이다.

음악 스타일이라고 할 수 있는 그 당시 음악의 악조(樂調) 체계는 어떠했을까? 고구려, 백제, 신라는 악기만 일본에 전한 것이 아니라 음악의 체계까지도 전해져서 일본음악의 이론이 정립될 수 있도록 영향을 끼쳤다는 것은 악조의 이름에서 알 수가 있다. 참고로 간단히 살펴보도록 하자.

현행 일본의 아악인 가가쿠의 고마가쿠에서 사용되는 악조(樂調)는 세 가지인데 그것은 박일월조(狛壹越調)라고 부르는 고려일월조(高麗壹越調), 그리고 박평조(狛平調)라고 부르는 고려평조(高麗平調), 또한 박쌍조(狛雙調)라고 부르는 고려쌍조(高麗雙調) 등 세 가지이다. 박일월조와 고려일월조는 일본말로 고마 이치고쓰(狛壹越調 또는 高麗壹越調)이고, 박평조와 고려평조는 고마 소조(狛平調 또는 高麗平

調)이며 박쌍조와 고려쌍조는 고마 효조(狛雙調 또는 高麗雙調)라고 부른다.

그리고 일본의 고마가쿠에서 사용되는 세 악조의 기본음의 음고(키)는 당나라 음악인 도가쿠의 것보다 음정이 장2도가 높다. 다시 말해서 도가쿠의 기본음은 C키(Key)이지만, 고마가쿠의 기본음은 D키(Key)이다.

위의 세 가지 악조로 공연되는 곡이름을 살펴보면, 고려평조로 된 고마가쿠의 무악곡(舞樂曲; Bugaku)은 임가(林歌; Ringa)에만 해당된다. 그리고, 고려쌍조의 무악곡은 백빈(白濱; Hakuhin)·소지마리(蘇志磨利; Soshimari)·지구(地久; Chikyū)·등천락(登天樂; Tōtenraku)에 해당되며, 고려일월조의 무악곡은 감취악(酣醉樂; Kansuiraku)·고려용(高麗龍; Komaryū)·곤륜팔선(崑崙八仙; Konron Hassen)·귀덕후(歸德侯; Kitokugo)·길간(桔桿; Kikkan)·납소리(納蘇利; Nasori)·박모(狛鉾; Komaboko)·신말갈(新靺鞨; Shinmaka)·신조소(新鳥蘇; Shintoriso)·인화락(仁和樂; Ninnaraku)·장보락(長保樂; Chōbōraku)·진숙덕(進宿德; Shinshukutoku)·퇴숙덕(退宿德; Tsishukutoku)·호접악(胡蝶樂; Kochōraku) 등이 해당되는데, 현재 일본 가가쿠에서 공연되고 있다.

이상과 같이 일본 전통음악은 고대 일본음악부터 19세기 중반인 '에도시대(1603~1868)'를 거쳐 근대 일본의 전통음악에 이르기까지 고구려 음악인 '고마가쿠'의 영향 아래에서 계속 발전을 거듭하였다. 일본의 전통음악은 가가쿠라는 이름으로 많은 악기들이 변형되고 새로이 만들어지면서 현재까지도 그 전통음악이 유지되고 있다는 것을 확인하였다.

에도시대 이후에는 가가쿠 뿐만 아니라 민속음악인 속악(俗樂)도 활성화되기 시작한다.

근대시대의 일본은 '에도시대(1603~1868)'를 지나 '메이지시대(1868~1912)'를 열면서 일본 대중음악의 태동기가 시작된다. 일본의 대중음악은 19세기 후반 무렵부터 1920년대 후반까지는 일본의 전통 민속음악과 함께 속악(俗樂)이라고 부르기도 했다.

이 때까지는 일본의 대중가요를 지칭하는 소위 엔카라는 용어 자체가 없었다. 일본은 19세기 후반부터 서양문물이 유입되면서 간접적으로 서양음악을 접할 수 있게 되었다.

이 무렵 한국도 1870년 경부터 서양음악을 가르치기 시작한 것으로 보아 한국의 서양음악 유입은 일본과는 크게 상관이 없다고 본다.
(2021.7.13)

조선의 민요, 판소리,
농악을 듣고 성장한 고가 마사오

일본은 '메이지 시대(1868~1912)'가 열리면서 일본 대중음악의 태동기가 시작된다. 그런데 일본의 대중음악은 19세기인 1892년에 우에하라 로꾸시로라는 음악 이론가가 쓴 책 〈속악선율고(俗樂旋律考)〉에서 처음으로 일본의 음계가 언급되었던 것으로 보아 일본의 대중가요는 19세기 후반 무렵부터 1920년대 후반까지는 일본의 전통 민속음악과 함께 속악(俗樂)이라고 부른 것으로 보인다.

이때까지만 해도 일본의 대중가요를 지칭하는 소위 '엔카'라는 용어는 없었다. 그리고 일본은 1870년대 후반부터 서양문물이 유입되면서 간접적으로 서양음악을 접할 수 있게 되었다. 일본 가요계의 초창기라고 할 수 있는 1910년 무렵에는 유성기라고 불리는 레코드가 수입되었지만 열악한 환경 속에서 레코드가 일반인들에게 잘 보급되지 않아 일반 국민들은 서양 노래나 일본의 가요들을 쉽게 들을 수 있는 기회를 갖지 못했다.

앞에서 말한 대로 한국은 일본과 음악적으로 교류하기 이전인 1870년 경부터 교회를 중심으로 서양음악을 가르치기 시작하였다. 서양음악이 유입된 시기는 일본과 비슷한 시기이거나, 우리나라가 조금 앞선 시기일 수도 있다. 1901년부터 1916년까지는 독일인 프란츠 에케르트(1852~1916)가 우리나라로 건너와 이왕직군악대장으로 복무하며 양악을 가르치기도 했다.

1910년 경부터 한국은 본격적인 음악학교들이 설립되어 이미 '조선정악전습소' '이화학당' '배제학당' 등에서 서양식의 성악과 기악을 가르치고 있었을 뿐만 아니라, 이 시기에 이미 '시카고 음악학교' 등 미국이나 유럽으로 유학을 다녀오는 이들도 있었기 때문에 창작가요를 작곡할 소양과 외국음악에 대한 정보를 충분히 갖춘 시기라고도 볼 수 있다.

일본은 일본 대중가요의 초창기인 1910년 경에는 레코드가 일반적으로 보급되지 않았을 뿐만 아니라, 이때는 번안곡이나 창작곡의 노래 가사만 인쇄해서 거리에 돌아다니면서 바이올린을 켜며 노래 가사집을 팔던 거리의 악사들이 있었다. 이들을 엔카시(艶歌師)라고 불렀다. 일본 가요계는 훗날 일본 유행가요에 장르 이름을 붙일 필요를 느끼게 되었고, 일본적인 이름을 찾다가 엔카(艶歌)에서 착안해 이와 발음이 똑같은 엔카(演歌)라는 말로 고쳐 쓰게 된 것은 모두 다 아는 사실이다.

앞에서 언급하였듯이 엔카라는 용어를 사용한 시기도, 일본 엔카의 아버지라고 부르는 고가 마사오의 발표 작품인 '술은 눈물인가 한숨인가'를 발표한 시기인 1931년 경이었다.

그렇다면 일본에서 엔카의 아버지라고 부르는 고가 마사오는 누구인가? 고가 마사오를 탐색하는 것은 일본 엔카를 이해하는데 필수불가결이라고 생각한다. 그래서 고가 마사오의 어린 시절부터 알아보기로 한다.

고가 마사오 대히트대전집

일본 대중 가요계에 큰 족적을 남기며 엔카의 아버지라고 불리는 고가 마사오(1904년 11월 18일~1978년 7월 25일)는 1904년 11월 18일 현재의 후쿠오카현 오가와시에서 태어나 7살 때 아버지를 여의고 그 해인 1912년 홀어머니와 함께 경기도 인천으로 이주하여 살았는데, 학교는 인천공립심상고등소학교에 다녔다.

12살 때 서울로 이사해서 경성남대문소학교로 전학했고, 소학교 졸업 후에는 선린상업학교에 진학하였다. 이 때 선린상업학교에서 밴드활동과 합창단을 조직하여 음악활동에 심취하며 재능을 보였다고 한다.

1922년인 17살에 선린상업학교를 졸업하고 바로 가족과 함께 오사카로 돌아가 상점에서 잠시 근무하기도 하였다. 그 이듬해인 1923년 메이지(明治) 대학에 입학하고, 1931년에 〈술은 눈물인가 한숨인가〉를 발표하면서 두각을 나타낸다. 그 후로 고가 마사오는 엔카의 대부로 불리면서 작고할 때까지 작곡한 곡은 약 4000여 곡에 이른다고 한다.

고가 마사오는 감수성이 민감한 7세부터 유소년 시절을 한국에서 보냈다. 발달심리학에서는 7, 8세부터는 두뇌 발달이 감성의 영역에서 이성의 영역으로 바뀌며 신체와 정서의 자극에 따라서 상상력과 창의력이 키워진다고 했다.

그것을 증명이라도 하듯이 고가 마사오는 『고가 마사오 예술대관 (古賀政男藝術大觀)』의 회고기에서 "큰 형의 가게에 60여명의 조선인이 있었는데 나는 이들이 흥얼거리는 조선민요를 날마다 들었다."고 하였다.

작고 1년 전인 1977년 〈저 꽃 이 꽃〉이란 노래에 대해 "만일 내가 유소년 시절을 조선에서 보내지 않았다면 이러한 곡을 만들 수 없었을 것이다." 라고 고백하여 한국의 정서와 전통음악이 자신의

음악적 기반이었음을 시인하였다.[1]

고가 마사오는 약 11년의 기나긴 청소년기를 한국에서 보내며 음악가로서의 소질과 재능을 키워나갔다. 한국 전통의 민요나 판소리, 풍물 장단 등이 그의 음악적 형성에 큰 밑바탕이 되었으리라는 점은 충분히 짐작할 수 있을 것이다. 그래서인지 고가 마사오의 음악은 처음 들어보는 곡이라도 마치 예전에 즐겨듣던 곡으로 착각할 정도로 멜로디가 친근한 곡이 많다.

당시 홀어머니와 함께 사는 고가 마사오의 처지가 내일을 기약할 수 없는 어려운 생활의 연속으로서 마치 식민지 조선의 백성과 정서적으로 동질감을 느끼게 되면서 조선의 음악에 더욱 호감을 갖게 된 것이 아닌가 생각해 본다.

후일 고가 마사오의 음악에 한국의 정서나 가락이 상당 부분 반영되어진 중요한 이유 중의 하나라고 여겨진다. (2021.7.27)

고가 마사오 기념공원 노래비, 야마나시 현 후지카아 구 치코 마치 카와 3032-1

---

1) 김열규, 『아리랑 역사여, 겨레의 소리여』 참조, 조선일보사, 1987

"미 도 시 라 미"와 "미 도 시 라 파"

앞의 '트로트와 엔카의 유래'를 보고 보내주신 의견을 애독자분들과 공유하고자 한다.

"오늘도 잘 봤어요^^, 근데 한 가지 착오가 있는듯해서 ─ 문의, '오나누끼(四七拔き)'의 '도 레 미 솔 라'는 한국의 전통음계인 '황(黃; 도) 태(太; 레) 중(仲; 미) 임(林; 솔) 남(南; 라)'에 해당한다." 중, 중(仲; 미)는 중(仲; 파)의 오기인듯 하네요, 오나누끼는 黃. 太. 姑. 林. 南 ??"(서울예술대학교 하주화 명예교수 제보).

"선생님 좋은 글 잘 읽었습니다. 5음 음계를 논술하신 부분에서 서양의 평균율 5음계와 중국의 궁조 5음계, 일본의 오나누끼 음계(5음계)는 모두 도음계(도, 레, 미, 솔, 라)가 맞습니다.

선생님께서 말씀하신 우리나라 5음계(황 태 중 임 남)은 도 레 미 솔 라가 아닌 솔, 라, 도, 레, 미 음 구조입니다. 도음계 구조로 말씀하시려면 황, 태, 고, 임, 남(도, 레,

51

미, 솔, 라)로 되어 있다고 하셔야 합니다. 이는 우리나라 전통음계 중에서 서양의 5음계(pentatonic scale)와 유사한 음계는 황, 태, 중, 임, 남을 예로 든 솔음계입니다.

하지만 우리나라 민요 중에 아리랑과 같이 맺는 음이 '도' 음으로 끝나는 음악을 솔음계라고 하지 말고 도음계라고 명명하자고 황준연 교수가 한국음악 용어에 관한 학술회의(1993년 무렵 경기도 여주 라마다호텔)에서 주장하셨고 백대웅 교수를 비롯한 여러 교수님들이 이 주장을 수용하여 아리랑과 같이 '도'로 끝을 맺는 음악은 도음계, 창부타령과 같이 솔음으로 끝을 맺는 음악은 솔음계 구분하기로 합의한 바 있습니다.

오컨데 선생님께서 우리나라 5음계(도음계)와 같다고 주장 하시려면 황, 태, 고, 임, 남 이라고 논리를 주장하셔야 옳다고 생각합니다. 가능하시면 정정을 하시면 좋을 듯 합니다. 선생님의 명예와도 관련이 있기 때문입니다." (전북대학교 이화동 교수 제보)

"소중한 글 공유 감사합니다. 기본적으로 동감 동의합니다. 음악적으로 이리 풀어주시니 감사하고 든든합니다.^^ 본문에 실수로 동백아가씨 연도를 1963이라 적으신 듯요. 이미지 설명에서는 맞게 1964로 적으셨습니다." (단국대학교 장유정 교수 제보)

위의 세분 교수님께서 보내주신 의견에 심심한 감사를 드린다. 사실 일반 대중들은 국악의 5음계인 '황 태 중 (고) 임 남'을 잘 모르고 생소할 뿐이다. 글을 쓰면서도 넣을까, 뺄까에 대한 고민을 많이 했지만 이러한 기회를 통해서 한번 소개하는 것도 좋겠다고 생각했다.

그러면서 음 구조보다는 음계 구성에 비중을 두어야겠다는 생각으로 일반 대중들이 조금이라도 귀에 익숙할 듯한 '황 태 중 임 남'으로 쓰게 된 것이다. 그런데 결과적으로 실수가 되고 말았다. 필자의 명예를 위해서도 위에서 의견 주신대로 '황 태 고 임 남'으로 바로 잡는다. 그렇게 하면 '도 레 미 솔 라'는 '솔 라 도 레 미'로 바꾸지 않아도 된다.

참고로, 위의 내용을 기준으로 국악의 7음계와 서양음악의 7음계를 비교하면 다음과 같다.

황 태 고 중 임 남 응 - 음이름(계이름)
c d e f g a b - 음이름
도 레 미 파 솔 라 시 - 계이름

서양음악은 음이름과 계이름으로 나뉘어져 있다. 그래서 고정음인 음높이를 가리키는 음이름과 각종 조(調, Key)를 기초로 해서 음마다 다르게 부르는 계이름이 있다.

국악은 위와 같은 음이름을 계이름으로도 혼용하고 있는 실정이다. 계이름과 비슷한 구음(口音)이라고 있지만 전공 악기마다 음이름을 다르게 부르면서 서양음악의 계이름과 같은 구실을 하지 못하고 있다.

국악의 순정율인 음정과 서양음악의 평균율의 음정을 비교하는 것도 무리라고 보지만 정확한 음정보다는 비슷한 음높이로 이해하면 좋겠다. 기회가 되면 국악의 순정율인 12율에 대해서 자세하게 설명하여 이해를 돕도록 하겠다.

물론 현대의 오선보를 활용한 창작국악은 평균율에 근접하도록 창작하고 연주한다는 것을 강조하고 싶다.

미야꼬부시의 요나누끼와 관련한 이야기를 계속하자면,
판소리와 남도민요의 음구성인 '미 도 시 라 미'는 '파'가 생략된 미야꼬부시인 요나누끼의 단음계인 '미 도 시 라 파'와 비슷하다. 물론 음계구조는 조금 다르지만, 특히 판소리와 남도민요의 음계인 '미 도 시 라 미' 중에서 '시'음은 '도'음에서 꺾어서 내는 음으로서 오히려 일본의 미야꼬부시 음계의 '시'음보다도 더 자주 많이 주음(主音)처럼 사용한다고 할 수 있다. 일본의 전통음악에는 꺾는음이 없다.

이렇게 '도'에서 꺾어내는 '시'음은 흔들어주면서 슬픈 감정을 표현한다. 요나누끼의 '파' 대신 우리가 '미'음을 사용하는 이유는, 요나누끼의 '파'는 슬픈 표현의 음인 반음의 효과만 있는 반면에 우리 국악에서 '미'음을 사용하는 이유는 그 '미'음을 격렬하게 흔들어주기 위해서이다.
요나누끼 스타일의 노래보다도 훨씬 더 슬픈 감정을 표현하는 특징이 있는 것이다.
이와 같이 판소리와 남도민요의 음구성과 음악적 특징을 가지고 설명하는 이유는 요나누끼의 단음계인 '미 도 시 라 파'의 5음계는 일본 대중음악인 엔카만이 갖는 음계의 특징이라고 주장하는 이들이 있기 때문이다. 이들은 우리나라에서 이러한 요나누끼의 5음계의

음조직으로 작곡된 노래라면 두말할 것도 없이 엔카의 아류라고 주
장한다.

대표적으로 오해를 받은 노래가 '동백아가씨'이다. 그래서 우리 국
악의 전통음계와 한번 비교해보는 것도 좋겠다는 생각이 들었기 때
문에 새삼스럽게 설명하였다.

일본 엔카의 대부라고 불리는 고가 마사오 작곡의 〈술은 눈물인
가 한숨인가(酒は 涙か溜息か)〉가 한국의 전수린 작곡의 〈고요한 장
안〉의 노래를 표절했다고 한다. (2021.8.24)

붕어빵 예술교육에서 자유로운 K-POP

지난 항목에서는 국악 음계에 대한 내용이 너무 어려웠다는 의견들이 많았다. 그래서 이번 항목에서는 고가 마사오와 전수린과 관련된 이야기를 하기 전에 문화에 대한 이해를 돕기 위해 여담을 간단하게 하고자 한다.[1]

각국의 문화적 정서에 따라서 한 가지 사물을 놓고서도 접근하는 방식은 제각각이다. 길 위에 우주인이 떨어뜨리고 간 물건이 있다고 가정하자, 물론 지구에는 전혀 없는 생소한 물건이다. 그걸 프랑스 사람이 주었다면 눈으로 샅샅이 뜯어보았을 것이다. 독일 사람이라면 귀에 대고 흔들어 볼 것이다. 이것은 프랑스의 시각문화와 독일의 청각문화의 차이를 말하는 것이다.

'뛰고 나서 생각한다'는 스페인 사람은 우선 발로 깨버리고 그 속

---

1) 김민희, '앞의 책' 인용 참조, 위즈덤하우스, 2021.

을 볼 것이다. 의회민주주의 창시국인 영국 사람은 스페인과는 정반대이다. 그것이 무엇이든 집으로 가져가서 가족들의 투표로 어떻게 할 것인지를 결정할 것이다.

군자(君子)의 나라인 중국 사람은 우선 점잖게 사방을 둘러보며 아무도 없는지를 확인하고 허리춤에 그걸 감추고 집으로 가서 생각한다. 골동품처럼 모셔두고 그것이 무엇인지 알 때까지 기다릴 것이다. 그렇다면 일본 사람은 어떻게 할까? 그 물건을 10분의 1 크기로 축소해서 만들어 놓는다. 그리고 손바닥 위에 올려놓고 '나루호토(아, 그렇구나)!' 하며 무릎을 친다.

바야흐로 수학의 세상이라고 한다. 제4차산업혁명을 이야기할 땐 반드시 빅데이터, 인공 지능(AI) 이야기를 하는데 이 모두가 다 수학을 기반으로 한다. 우리나라 중고등 학생들은 세계수학경시대회에 나가 상을 휩쓸고 있다. 그런데 수학 흥미도는 세계 꼴지 수준이라고 한다. 인공지능에서 세계 두각을 나타내는 나라들은 수학경시대회 성적은 별로지만 흥미도는 세계 최고 수준이라고 한다.

세계적인 물리학자 아인슈타인은 학교 성적은 엉망이었는데 스위스 바젤로 간 뒤 좋은 예비학교에서 좋은 교사를 만나 처음으로 인정을 받는다. 자신의 가치를 알아봐주는 사람이 생기면서 아인슈타인은 마침내 최고의 물리학자가 된 것이다.

우리나라 음악 전공학생들은 세계 콩쿠르에 나가서도 상위에 입상하는 것은 이제는 특별한 일이 아닌 정도가 되었다. 얼마 전까지만 해도 해외 유학파들의 차지였지만 유학을 가지 않고도 국내에서 최고 수준의 교육을 받을 수 있는 교육기관이 생기면서 국내에서 교육받은 학생들도 수상의 대상이 되고 있다. 그런데 예술교육을 받기 위해 한국으로 유학을 오는 외국인은 거의 없는 실정이다.

그 이유로 우리나라의 교육제도를 탓하는 이들이 많다. 일제강점기에 뿌리내린 '톱-다운(top-down)' 방식의 주입식 교육의 틀이 가장 큰 요인이다. 흔히 비유하기로 한국 사람은 우뇌형인데, 좌뇌형 시스템 속에서 작동하려니 큰 어려움을 겪는 것이다. 특히 예술교육과 수학 교육이 큰 문제이다.

우뇌형은 틀을 만드는 것뿐만 아니라 그 틀 안에 자신의 창조적 상상력을 맘껏 발휘하여 표현하는 것이다. 좌뇌형은 틀을 만드는 것이 목적이며 한번 만들어진 틀 안의 내용을 고수하려는 특징이 있다. 그래서 창의성과 끼가 있는 한국 사람은 우뇌형에 해당하고, 한번 배운 것을 바꾸지 않고 그대로 유지하는 것을 덕목으로 삼는 일본 사람은 좌뇌형에 해당된다고 할 수 있다.

이렇게 우리나라 국민성은 우뇌형인데 아직도 교육은 좌뇌형 스타일에서 벗어나지 못하고 있는 부분이 많다. 그러니 '톱-다운' 방식의 틀 하나 만들어 놓고 붕어빵을 뽑아내는 교육을 하는 것이다. 특히 우리나라 예술교육은 예술인 음악가를 양성하는 것이 아니라 예술인 교육자를 양성하는 교육의 성격이 강하다라고 이어령 선생은 지적한다.

그러한 교육을 받은 사람들은 우리나라의 음악 문화를 전통적 바탕과 음악적 생성의 원인 등 다양한 시선으로 보지 않고 붕어빵적 자신의 음악적 잣대로만 음악을 분석하고 평가한다. 국민성은 우수한데 제도가 발목을 잡고 있는 형국이다.

그런 점에서 K-POP 등 한류를 형성하고 있는 대중음악은 제도권의 구애를 받지 않고 자신들의 예술적 역량을 마음껏 발휘할 수 있는 것이 특징이라고 할 수 있다.

21세기 비틀즈라고 불리며 아메리칸 뮤직 어워드 3년 연속 수상, 빌보드 핫100 1위, 그래미 어워드 후보에 오른 방탄소년단(BTS)은 2013년 중소기획사에서 데뷔했지만, 비슷한 경쟁을 해야 하는 국내를 벗어나 일찌감치 해외로 진출하였다. 멤버들은 자신들이 겪은 고생했던 삶들을 스스로 작품에 반영하며 그들만의 메시지를 유튜브에 자체 프로그램을 만들어 올렸다. 직접 트위터로 진솔하게 팬들과 소통하는 등, 스스로 활로를 개척하며 세계 최고의 K-POP 그룹이 되었다.

이러한 음악영재들은 음악을 통해서 철학을 배우고 인생을 배운다. 세상을 바라보는 방식, 사고하는 방식이 일반사람들과는 다르다. 이러한 영재들에게 일반 철학을 가르치고 일반 교양을 주입시키다 보면 재능의 날이 무뎌진다.

한류라고 인정받는 K-POP 등 대중음악은 누구의 간섭도 받지 않고 창의성과 끼를 마음껏 발휘한 결과물인 것이다. 따라서 일제강점기 때부터 지금까지 소멸하지 않고 삶의 희비애환을 담아 작곡되어져 불리는 트로트 등의 대중가요는 100년의 역사를 가진 대중 명곡으로서의 가치가 있다고 보는 것이다. (2021.9.7)

"엔카는 한국이 원조다"
(엔카의 전설 '다카기 이치로')

조선 세종 31년(1449)에 세종이 석가모니의 공덕을 찬양하여 지은 노래를 실은 책으로 전해진다. 국보 제 320호,

　　뉴욕의 유엔본부에는 대한민국 정부가 기증한 〈월인천강지곡〉[1]의 활자본, 그리고 그것을 인쇄한 활자들을 복원한 조형물이 그 위용을 드러내며 전시되어 있다. 이것은 1991년 9월에 유엔에 가입한 기념물이다.

　　〈월인천강지곡〉의 고본(古本)을 복사확대한 복제품인데 사람 키만큼 높은 유리 상자에 보관되어 있어 한눈에 띈다. 더구나 한글 활자로 된 것이기에 한국의 고유어인 한글의 독창성을 당당

---

1) 김민희, 『이어령, 80년 생각』 221쪽, 참조 인용, 위즈덤하우스, 2021

하게 전시하는 효과를 톡톡히 보고 있다.

이 전시물은 최초의 한글 활자본인 〈월인천강지곡〉을 1000년 동안 보존된다는 특별한 한지에 복원하고, 당시의 활자를 재주조하여 조형물로 전시한 것이다. 〈월인천강지곡〉은 1447년에 쓰였으니 한국의 금속활자가 1440년 경의 구텐베르크(Gutenberg)의 금속활자보다 결코 뒤지지 않는다는 사실이다.

이것은 한국이 막강한 한자 문화의 지배권에서도 주눅 들지 않고 한글을 창제한 나라임을 만천하에 자연스럽게 알리는 역할을 하고 있는 것이다. 〈월인천강지곡〉은 불경에 나오는 말로서 '월인천강(月印千江)'의 뜻은 하나의 달이 똑같은 모양으로 천(千)의 강물에 비친다는 뜻이다.

역사는 때론 소수에 의해 움직인다. 한 사람의 아이디어가 나라 전체의 이미지를 좋게도 나쁘게도 바꿀 수 있다. 그래서 창조는 개인의 힘이지만 그것의 결과는 국력이 된다. 최근에 살아있는 자기계발서로 평가받고 있고, 대통령이 한국 외교에 많은 도움을 주고 있다고 극찬하며 미래문화특사로 임명된 BTS(방탄소년단), 그리고 싸이에 이어 미국의 저스틴 비버를 뛰어넘어 전 세계에서 가장 많은 유튜브 구독자 수를 보유한 블랙핑크 등은 한류인 K-POP으로써 K-문화의 새로운 위상을 보여주고 있다.

그렇다면 일제 강점기였던 100년 전 한국의 대중음악의 현실은 어떠했는지 알아보도록 하자. 일반적으로 우리나라 최초의 가요를 1926년 윤심덕이 불러 히트시킨 〈사의 찬미〉라고 하지만 그보다 앞선 1923년 무렵에 많은 국민들이 따라 불렀던 〈이 풍진

당시 10만장이 팔린 음반〈사의 찬미〉, 1926년에 발표된 번안가요. 윤심덕 작사, 이바노비치 작곡, 윤심덕 노래의 곡이다

세월〉이라는 주장도 있다. 가사는 "이 풍진 세상을 만났으니 너의 희망은 무엇이냐"로 시작하는 노래로서 원래 제목은 〈희망가〉이다.

〈사의 찬미〉는 이바노비치의 왈츠곡 〈도나우강의 잔물결〉에서 곡을 흉내냈다고 하는데 〈이 풍진 세월〉도 원작자는 영국인으로 알려져 있다.

그 이후에 한국인 스스로 창조적으로 작곡된 곡이 1926년 경에 작곡된 전수린의 〈고요한 장안〉인데 이 곡은 한국에서는 실제로 극 중에 막간 가수의 노래로 불려지고 있었던 노래이다. 전수린은 1907년 개성에서 출생하였다. 어렸을 때부터 호수돈 여학교의 교장인 '루추부인'으로부터 바이올린을 배우고 어린 나이에 동요를 작곡하기 시작하였다. 15세 때 개성의 송도고보를 중퇴한 전수린은 서울로 올라가 연악회(研樂會)를 주도하고 있던 홍난파와 함께 활동하

게 된다. 전수린은 한국 작곡가 최초로 '빅타 레코드사'에 전속되어 1932년에 〈황성옛터〉와 〈고요한 장안〉을 일본에서 발표하여 일약 유명한 작곡가가 된다.

엔카의 대부로 불리게 된 결정적인 영향을 끼친 고가 마사오 작곡의 〈술은 눈물인가 한숨인가(酒は 涙か溜息か)〉는 1931년에 발표되었는데 1932년에 표절시비에 휘말리게 된다. 한국의 전수린 작곡의 〈원정〉(한국에서는 〈고요한 장안〉으로 발표)을 표절했다는 것이다. 〈원정〉이 발표됐을 때 일본 박문관(博文館)에서 출판하는 잡지 『신청년』에서 고가 마사오의 〈술은 눈물인가 한숨인가〉가 전수린의 〈고요한 장안(원정)〉을 표절했다고 하는 기사[2]가 실렸다는 사실이다.

이 같은 사실을 일본의 음악평론가 '모리(森一也)'는 당시 '고가마사오'가 조선에 살고 있었을 때 들었던 '전수린'의 멜로디에 영향을 받은 것 같다고 분석하고 있다.

일본 엔카를 대표하는 원로 가수이자 일본엔카협회 이사장인 다카기 이치로는 제이피뉴스와의 인터뷰에서 엔카의 원조는 한국이라는 것을 밝힌 바 있다. 다카기 이치로는 "일본 엔카의 한 획을 그은 사람들은 대부분 한국의 피가 섞여 있으며 엔카 멜로디 원조는 한국입니다."라고 언급하면서 고가 마사오가 유년시절 한국에서 살면서

---

2) 이호섭, 「네이버」 검색 참조

한국에서 교육을 받았고 한국의 전통문화를 가까이 했음을 강조하며 엔카의 멜로디는 한국의 것이라는 점을 강조하기도 했다.

다카기 이치로는 10대부터 일본 민요를 배우기 시작해 엔카 가수 한길을 고집한 45년 베테랑 엔카 가수이다. 1963년 데뷔하여 300곡 이상의 곡을 발표했고 아내 쓰야마 요코와 듀엣으로 부른 〈신주쿠소다치〉는 160만장의 음반이 팔리며 엔카의 전설이 되었다. 그리고 그는 일본 엔카를 지키기 위해 1997년 일본엔카가요협회를 만들어 활동하고 있기도 하다.

다카기 이치로는 "엔카는 메이지 시대부터 바이올린 연주에 맞춰 그 날의 뉴스, 사건을 전달하는 형태로 시작했다고 알려져 있습니다. 그 때의 엔카는 연가(演歌)가 아닌 염가(艶歌)였죠, 염(艶)자는 일본어로 섹시하고, 빛나고, 성숙하다는 의미를 갖고 있습니다. 깊이 있는 음악이라는 것이죠, 그것이 시대의 흐름에 따라 '연출'이라는 의미의 연가가 되었습니다. 일본 엔카의 원점이 되고 있는 천재 작곡가 고가 마사오(古賀政男)씨는 일본 후쿠오카 출신이지만 한국 부모님 사이에서 태어나 유년시절 한국에서 교육을 받은 사람이었습니다. 일본에 건너와 탄생시킨 엔카의 멜로디는 한국의 것이었죠, 그러니까 엔카의 원조는 한국입니다." (2021.9.21)

한국 트로트의 아버지 전수린

엔카의 전설이라고 불리는 다카기 이치로는 제이피(JP) 뉴스와의 인터뷰에서 "일본 엔카의 원점이 되고 있는 천재 작곡가 고가 마사오(古賀政男)는 일본 후쿠오카 출신이지만 한국 부모님 사이에서 태어나 유년시절에 한국에서 교육을 받은 사람이었다. 그가 일본에 건너와 탄생시킨 엔카의 멜로디는 한국의 것이고 엔카의 원조는 한국이다."라고 말하였다.

1932년 일본의 음악평론가 '모리(森一也)'는 당시 '고가 마사오'가 조선에 살고 있었을 때 들었던 '전수린'의 멜로디에 영향을 받은 것 같다고 분석하고 있다.

그렇다면 전수린[1]은 어떤 작곡가인지 좀 더 자세히 알아보도록 하자. 이미 앞에서 언급한 바와 같이 전수린(全壽麟, 1907~1984)의

---

1) 「네이버」 검색 참조.

본명은 전수남(全壽南)이다. 악극단 취성좌(聚星座)의 바이올린 주자로서 개성의 백천 지방으로 순회공연을 갔다가 비에 갇혀 있던 쓸쓸한 여인숙에서 애수어린 〈황성의 적(황성옛터)〉를 작곡해 일약 민족가요의 작곡가가 된 전수린은 인삼으로 유명한 개성이 그의 고향이다.

전수린(1907~1984), 대중가요 작곡가

어릴 때부터 습작으로 동요를 작곡하기도 한 전수린은 명문인 개성의 송도고등보통학교(송도고보-1952년 인천으로 이전) 재학 중 장봉손(張奉孫)에게서 바이올린의 기초를 배웠고, 호수돈 여학교의 교장인 니콜스(Nicols) 여사(루추 부인이라는 설도 있음)에게서 정식으로 바이올린과 음악이론을 사사하면서 음악가의 꿈을 키웠다.

송도고보를 졸업(15세 때 중퇴라는 설도 있음)한 후에는 완고한 부모님을 설득해서 본격적인 음악 공부를 시작한다. 1925년에 청운의 뜻을 품고 상경한 전수린은 이 때 나이 열아홉 살 때로서 〈봉선화〉 〈성불사의 밤〉 등을 작곡한 한국 음악의 선구자인 홍난파 선생이 주도하는 연악회(研樂會)에 들어가 음악을 익히면서 동요작곡가로 활동하게 된다.

다음해부터는 이미 가수들을 위한 편곡을 하기 시작하는데 〈부활〉

〈카츄샤〉 같은 외국가요를 편곡해서 불렀을 뿐만 아니라 이때까지 우리나라 고유의 대중가요가 없던 시절에 당시의 순회극단인 동방예술단(東方藝術團)과 취성좌에 악사로 있으면서 독자적인 작곡을 하기 시작한다. 단발머리 소녀 박단마를 하루아침에 인기가수로 만든 〈나는 열일곱 살이에요〉는 1937년에 작곡하여 1938년에 발표한 작품이다.

악극단 취성좌와 함께 순회공연을 하면서 작곡구상을 하던 전수린이 최초로 작곡한 처녀작은 이애리수가 노래한 〈이국하늘〉이며, 1926년 경에 작곡해서 막간극의 노래로 불려지다가 1932년에 일본에서 발표한 〈고요한 장안〉이 두번째, 저 유명한 〈황성옛터〉가 그의 세 번째 작품이다.

일제강점기에서 〈황성옛터〉는 공연히 시비를 당했고 작사, 작곡이 모두 불온하다고 해서 한국 최초의 금지 가요가 되기도 했다. 그러나 〈황성옛터〉는 한국의 세레나데라고 해서 일본사람들도 곧잘 부르던 노래였다. 악극단 취성좌의 인기가수 이애리수가 이 노래를 부르면 수많은 관중들은 저도 모르게 따라 불렀으며 삼천리 방방곡곡 우리 겨레가 있는 곳에서는 으레껏 애수어린 〈황성옛터〉의 가락이 흘러 나왔다.

〈황성옛터〉의 작곡으로 일약 민족가요의 작곡가가 된 전수린은, 이애리수를 인기가수로 만들었을 뿐 아니라 풋내기 열일곱 살의 소녀가수 박단마를 〈나는 열일곱 살이에요〉의 단 한곡으로 스타덤에 오르게 했으며, 또한 16세의 소녀가수 황금심으로 하여금 〈알뜰한 당신〉을 부르게 해서 단 한곡의 데뷔곡으로 황금의 신인을 만들기도 하였다.

〈알뜰한 당신〉은 황금심이 부르며 히트하게 되는데 레코드가 나 오자 삽시간에 화제를 모으며 빅터레코드사를 돈방석 위에 올려놓기도 하였으며 당시의 인기 가수였던 김복희, 박단마를 능가하였다. 박단마, 이애리수, 황금심에게 데뷔곡을 주어 동시에 히트를 시키고 불멸의 스타가 되게 하자 작곡가 전수린의 주변에는 신인 가수들은 물론 기성가수들까지 구름처럼 모여 들었고 작곡가 전수린의 곡을 얻기 위해서 온갖 노력을 다할 정도였다.

남달리 정서적으로 풍부했던 작곡가 전수린은 자신의 이미지를 소중히 여기는 음악인이었다. 〈황성옛터〉가 방초 우거진 개성 만월 대를 모델로 했듯이 그의 정감에는 항상 뚜렷한 대상을 두었다. 그 한 예를 들면, 손금옹이 부른 〈무정〉이라는 노래는 이 노래를 부른 손금옹 자신의 시련을 소재로 전수린이 작사, 작곡을 했는데 이 노래 를 부른 손금옹 자신에게 시련의 고배를 마시게 했던 김모라는 청년 은 분통을 못이긴 나머지 악기점마다 돌아다니며 〈무정〉을 모조리 뒤져 싹쓸이하는 소동을 빚기도 했다. 시련한 여자를 위로하는 내용 으로 작곡한 〈무정〉은 황금심이 부르면서 히트를 쳤다.

전수린은 작사가 이부풍과 콤비가 되어 〈나는 열일곱 살이에요〉 등 헤아릴 수 없을 만큼 많은 가요를 작곡했으며 이 무렵 그의 특기는 신인가수의 데뷔곡을 히트시키는 히트 제조기라고도 할 수 있겠다. 또한 전수린은 화려한 무대에 서서 인기를 독점해버린 가수들의 그늘에 서서 잘 알려지지 않은 일면도 있으나 한 때는 명지휘자로서 팬들의 박수갈채를 받기도 했으며 지방공연 때는 끈질기게 따라다니는 여성 팬들 때문에 숨어 다녀야만 하는 일도 있었다.

1942년에 다마가와(玉川)로 창씨(創氏)개명한 전수린은 '다마가와 위문대'를 조직하여 만주와 일본 북해도 탄광지대까지 가서 한국 출신 노무자들을 위로하는 위문공연 활동을 하였다. 8·15 해방 이후에는 서울에서 악기점을 운영하였다. 1965년에는 라디오 연속방송극 주제가로 〈강화도령〉 등을 작곡하였고, 1970년에는 한국가요반세기동지회의 초대회장을 지내기도 하였다.

부인 이순희 여사와 함께 슬하에 7남매를 두고 단란한 가정의 가장이었던 전수린은 한국 음악의 선구자인 홍난파와 함께 활동하면서 민족가요인 〈황성옛터〉를 위시해서 정답고 잊을 수 없는 대중명곡을 수 백곡 작곡하였다. 또한 초창기 아무것도 없는 한국 가요계의 황량한 벌판을 개척하며 대중음악의 집을 지었고, 일본 등에 유학을 가지 않고도 일제강점기 불모지였던 한국 대중가요의 개척자로서 고가 마사오의 엔카 음악에 영향을 미친 천재 작곡가 전수린은 한국 '트로트의 아버지'라고 불러야 마땅할 것이다. (2021.10.5)

한을 흥으로 극복한 전수린

　한국 '트로트의 아버지'라고 불러야 마땅한 천재성을 가진 전수린은 어릴 때부터 동요를 작곡하기도 하였다. 고등학교를 졸업한 후에는 한국 음악의 선구자인 홍난파와 함께 활동하면서 민족가요인 〈황성옛터〉를 위시해서 정답고 잊을 수 없는 대중명곡을 수 백곡 작곡하였다.

　전수린은 대중음악의 초창기 아무것도 없는 한국 가요계의 황량한 벌판을 개척하며 대중음악의 집을 지었고, 일본 등에 유학을 가지 않고도 일제강점기 불모지였던 한국 대중가요의 개척자로서 고가마사오의 엔카 음악에 영향을 미친 천재적 작곡가이다.[1]

　천재적 예술가란 하느님이 자신의 실수로 만들어진 아이를 그냥 세상에 내보냈다가는 제대로 살아갈 수 없을 것임을 알고 급하게 특별한 재능을 하나씩 준 존재들이라고 한다. 눈곱 하나 떼어다 붙여서

---

　1)　박상진, 「일본의 엔카와 한국의 트로트 비교 연구」 참조 인용, '뉴시스 보도', 2013

피카소 같은 천재 미술가가 되게 하고 귀지 하나 넣어주어 베토벤 같은 천재 음악가가 태어나게 한 것이라고 한다.

실제로 문화 예술의 영역에는 이와 같은 아이들이 존재한다. 모차르트처럼 절대음감을 가진 네 살짜리 아이들이 있는 것이다. 이런 아이들에게 일반 교육을 시키면 인생의 낙오자가 될 수밖에 없다. 그리스 비극 〈필록테테스 Philoctetes〉에 나오는 '활과 상처'의 예술 이론을 바탕으로 한 이야기이다.[2]

필록테테스 장군은 트로이 전쟁에 참전 중 독사에게 물리게 되는데, 이 때 병을 앓고 발작을 일으켜 무인도에 버려진다. 그러나 그가 잃지 않은 것이 있으니, 아폴로 신에게서 받은 백발백중의 신궁(神弓)이었다. 그리스 군은 트로이 전쟁에서 이기려면 반드시 이 신궁이 필요하다는 신탁(神託)을 받고, 승리를 얻기 위해 그의 활을 몰래 훔치기 위해서 무인도에 사자(使者)를 보낸다.

사자가 필록테테스의 활을 가져오려면 활과 함께 그의 병인 고통의 상처도 가져와야 한다. 활과 상처는 분리할 수 없는 것임을 깨달은 사자는 필록테테스와 함께 트로이 전쟁에 참가하고 결국 전쟁을 승리로 이끈다.

니체는 인간의 발달을 3단계로 설명하는데 그것은 낙타, 사자, 어린아이이다. 맨 처음 인간은 낙타에 비유한다. 무거운 짐을 지고 사막을 건너며 참고 견디는 인고(忍苦)의 존재, 그 다음 단계는 힘이 센 사자이

---

2) 김민희, '앞의 책' 참조 인용, 213~217쪽, 위즈덤하우스, 2021

다. 힘으로 주위를 지배하고 개척하는 존재, 그 다음은 어린아이이다.

어린아이는 어떤 편견이나 틀도 없는 순진무구한 존재 그 자체이다. 어린아이는 그 무엇도 될 수 있는 무한한 가능성의 상징이며, 어린아이는 누구나 태어날 때부터 천재성을 가진다. 그 자체가 무서운 힘이다. 그래서 예술가들의 무한 창조성을 종종 어린아이의 생성의 힘과 비교하곤 한다.

예술가는 무인도에서 상처를 끌어안고 혼자 괴로워하는 존재이다. 어느 시대 어느 사회에서든 마찬가지이다. 그 괴로움의 상처를 받아주지 않고 그의 활만 탐내는 사회는 절대로 풍요로운 사회가 될 수 없다. 신궁의 파워와 함께 그 상처까지 포용하는 사회와 역사만이 승리와 행복의 영광을 얻는 문화국가를 이루는 것이다.

천재적 작곡가 전수린은 무인도 같은 절망적인 일제 강점기의 숨막히는 시대에서 민족의 상처를 끌어안고 괴로워하며 전수린 만의 창조적 대중가요의 영역을 개척한 것이다.

전수린의 창조적 대중가요의 영역은 민족의 상처를 끌어안고 괴로워하며 슬퍼하는 한(恨)의 표현뿐만 아니라, 민족의 한을 극복하며 보듬어 안는 희망의 메시지도 강하게 담은 노래들도 많다. 이것은 마치 우리나라 전통음악의 형식을 많이 닮아 있다.

우리 전통음악은 대부분 느리게 시작해서 점점 빨라져 흥겹게 끝나는데 이러한 스타일은 느린 슬픈 음악에서 빠르게 흥겨운 음악으로 고난의 한을 극복하는 과정을 담은 것이다. 한마디로 우리 음악은 몇 천 년 간 강대국 사이에서 견뎌온 한국인의 창조력이자 돌파력의 표현인 것이다. 바꾸어 말하면 한의 민족이 아닌 흥(興)의 민족임을 말하는 것이다.

참고로 '한민족은 한의 민족'이라는 말은 일본의 야나기 무네요시가 처음 만들어낸 말인데 일제 강점기의 야네기 무네요시는 우리문화의 우수성을 극찬했던 사람이었지만 우리나라의 문화말살 정책을 처음 기획했던 인물로서 식민사관을 주입하는데 앞장섰던 인물이다. 그의 식민사관은 우리나라 사람들이 우리 스스로를 멸시하고 부정하도록 만들었고 일본을 우러러 생각하도록 만든 것이다.

일본인 야나기 무네요시의 두 얼굴인 것이다. 현재도 일부 국민들은 이러한 식민사관을 극복하지 못하고 일본이 우리보다 우월하다는 생각을 버리지 못하고 있을 뿐만 아니라 아직도 대중음악의 장르에까지 일부 남아 있는 것은 안타까울 뿐이다.

그러나 일제 강점기 시대에 일본 등 해외에 유학 한 번 가지 않은 음악영재인 전수린은 이러한 전통음악예술을 자기의 대중가요 작품에 고스란히 반영시켜 자기만의 정체성을 개척한 장본인이다. 그야말로 전수린의 천재성이 드러나는 대목이라고 아니할 수 없다.

그의 두 번째 작품인 〈고요한 장안〉은 물론 세 번째 작품인 〈황성 옛터〉도 국악의 장단인 중모리 장단과 국악의 전통음계가 들어 있다. 천재적 작곡가인 전수린은 전통음악의 가치를 통해서 철학을 배우고 인생을 배웠을 것이다. 그럼으로써 세상을 바라보는 방식, 사고하는 방식이 선구자적 역량을 갖추었으리라고 생각한다. (2021.10.19)

〈고요한 장안〉과 〈술은 눈물인가 한숨인가〉 악보 비교[1]

지금까지의 '한류 이야기'에 대해 간단히 요약하면, 일본 엔카라는 장르가 만들어진 시점, 첫 번째 엔카인 〈술은 눈물인가 한숨인가〉가 발표되면서 고가 마사오가 한국의 전수린을 표절했다는 점, 한반도에서 고구려 음악, 백제 음악, 신라음악이 일본 열도에 전해지면서 일본 전통음악이 생성됐다는 점이다.

일본 전통음악이 근대 명치유신 때까지 일본의 속악으로 이어져 오다가 '엔카'라는 장르가 만들어지기까지 '미야꼬부시'인 '요나누끼' 음계가 만들어졌다는 점과 요나누끼 음계는 일본만이 갖는 특별한 음계가 아니고 장음계의 경우는 '도레미솔라' 음계, 단음계의 경우는 '미도시라파' 음계라는 것을 설명하였다.

---

1) 박상진, 「일본의 엔카와 한국의 트로트 비교 연구」 참조 인용, 2013.

전수린은 개성에서 소학교를 다니면서 바이올린의 기초를 닦았고 송도고보를 다니면서 바이올린과 음악이론을 정식으로 공부하였다. 어릴 때는 동요도 작곡하는 천재성을 보이기도 하였다. 그 후 서울로 이사하여 홍난파를 만난 후 본격적인 음악 활동을 하면서 편곡과 작곡 작업을 하게 되는데, 1926년에 〈고요한 장안〉을 작곡하게 되면서 이애리수에 의해 막간극의 노래로 불려졌다는 점과 1932년에 일본에서는 〈원정〉이라는 곡명으로 바꿔서 발표하였다.

일본 엔카의 아버지라고 불리는 고가 마사오는 아버지를 여의고 7세 때 어머니와 함께 인천으로 이사 와서 인천공립심상고등소학교에 다니다가 12세 때 서울로 와 선린상업학교를 17세에 졸업을 하게 된다. 형님 집에서 살면서 고가 마사오는 늘 형님 집에 놀러 와서 한국의 전통악기를 연주하며 노래 부르던 한국 사람들과 함께 어울려 지냈다는 점을 소개하였다.

그 후 1922년에 서울을 떠나 오사카에 살면서 1923년에 메이지(明治)대학 경상학부에 진학하게 된다. 고가 마사오는 1931년에 〈술은 눈물인가 한숨인가〉를 발표하면서 전수린을 표절했다는 표절시비가 일어난다.

그런데 전수린 작곡의 〈고요한 장안〉은 일본에서 〈술은 눈물인가 한숨인가〉 보다도 6개월 늦게 발표됐는데도 일본 박문관(博文館)에서 출판하는 잡지 『신청년』에서 1931년도에 발표된 '고가 마사오'의 〈술은 눈물인가 한숨인가〉가 전수린의 〈고요한 장안(원정)〉을 표절했다고 하는 기사(이호섭 글 참조)가 실렸다. 일본 음악평론가 사이에서 표절시비가 일어났던 것이다.

그렇다면 엔카의 태동기에 엔카의 아버지라고 불려지도록 한 결정적 작품인 고가 마사오 작곡의 〈술은 눈물인가 한숨인가(酒は 涙か 溜息か)〉와 한국의 트로트의 아버지라고 할 수 있는 전수린 작곡의 첫 트로트 곡인 〈고요한 장안〉의 노래를 비교함으로써 소위 일본 엔카와 한국의 트로트는 서로 어떤 음악적 연관성이 있는지 악보의 분석을 통해 그 표절시비에 대해서 탐색해 보고자 한다.

〈고요한 장안〉과 〈술은 눈물인가 한 숨인가〉의 악보 비교

다음의 악보 중 악보 1은 〈고요한 장안〉, 악보 2는 〈술은 눈물인가 한숨인가〉이다.
가사는 생략하고 노래 멜로디만 비교하였다. (2021.11.2)

1. 고요한 장안 2. 술은 눈물인가 한숨인가

한국의 전수린을 일본 고가 마사오가 표절했다

1926년 한국의 전수린 작곡의 〈고요한 장안〉은 가수 이애리수에 의해 막간극의 노래로 불려지면서 대중들의 사랑을 받았다. 그리고 이 〈고요한 장안(일본명, "원정")〉은 1932년도에 일본에서 발표하게 되는데, 이 때 일본 박문관(博文館)에서 출판하는 잡지 『신청년』에서 1931년도에 발표된 '고가 마사오'의 〈술은 눈물인가 한숨인가(酒は 涙か溜息か)〉가 전수린의 〈고요한 장안(원정)〉을 표절했다는 기사가 보도된다.[1]

만약에 일본의 음악 평론가들이 말한 것처럼 고가 마사오가 전수린을 표절했다는 주장이 사실로 확인된다면 한국의 트로트가 엔카의 아류라는 사실은 성립이 되지 않을 뿐만 아니라 오히려 한국의 트로트가 일본의 엔카에 영향을 미쳤다는 의미가 된다. 이러한 사실

---

1) 박상진, '앞의 논문' 참조 인용, 2013.

을 확인하기 위해서 필자는 〈고요한 장안〉과 〈술은 눈물인가 한숨인가〉의 악보를 비교해봐야겠다고 생각하게 된 것이다.

　지금부터 〈고요한 장안〉과 〈술은 눈물인가 한숨인가〉의 악보를 옆에 놓고 필자와 함께 두 곡을 비교해 보면 좋겠다.

　두 곡의 악보를 비교할 때 음악적 내용이 다수 포함되어 있어서 음악 전공자가 아니면 다소 어려운 점이 있으리라고 생각하지만 일본의 엔카와 한국의 트로트에 대한 음악적 연관성, 한국의 트로트가 음악적으로 왜곡되어 오늘에 이른 점 등을 생각하면 두 곡과 관련한 악보의 비교는 마지막으로 반드시 겪어야 하는 부득이 한 과정이라고 아니할 수 없다. 애독자의 양해를 바란다.

　악보의 1은 〈고요한 장안〉이고, 2는 〈술은 눈물인가 한숨인가〉이다. 위의 악보를 분석하면 다음과 같다. (1) 〈고요한 장안〉은 Motive가 정확히 2마디 구조를 취하고 있다. 〈술은 눈물인가 한숨인가〉는 4마디 구조를 취하고 있다. (2) 〈고요한 장안〉은 V화음이 자연단음계로 되어 있다. 〈술은 눈물인가 한숨인가〉는 화성단음계를 사용하고 있다. 즉 속7화음을 사용하고 있다. (3) 코드의 사용과 진행이 대체로 두 곡 모두 비슷하다. (4) 1번 마디, 3번 마디, 15번 마디는 악보의 리듬 패턴이 비슷하다. 그러나 20번 마디, 21번 마디는 리듬 패턴은 거의 같다고 볼 수 있으며 화성 또한 동일하다. (5) 1 〈고요한 장안〉의 24번 마디 셋째 박부터 25번 끝마디와 2 〈술은 눈물인가 한숨인가〉의 23, 24, 25번 끝마디의 선율과 리듬이 모두 같다.
(6) 리듬은 어김없이 두 곡 모두 '뽕짝 리듬'이다

위의 내용을 다시 정리하면,

• 전수린은 자연단음계를 사용하여 국악적 즉, 민족음악적 분위기가 느껴지도록 작곡하였다.

• 고가 마사오는 코드 사용과 진행에 있어서 전수린과 흡사하다. 다만, 속7화음(화성단음계)을 사용함으로써 서양음악적 느낌이 나도록 한 것으로 보인다.

• 리듬 패턴이 8개의 마디가 비슷하거나 같은 것으로 보아 표절이라고 조심스럽게 이야기할 수 있으며 화성의 진행으로 보아 듣기에 따라서는 얼마든지 비슷한 음악으로도 들릴 수 있다고 생각된다.

• 또한 〈고요한 장안〉의 24번 마디 셋째 박부터 25번 끝마디와 2 〈술은 눈물인가 한숨인가〉의 23, 24, 25번 끝마디의 선율과 리듬이 모두 같은 것으로 보아 고가 마사오가 전수린을 표절했다고 말할 수 있겠다.

• 리듬은 어김없이 두 곡 모두 '뽕짝 리듬'이다.

분석에 대한 결론은,

① 일부분에서의 멜로디가 같다는 것을 보면 고가 마사오가 전수린을 표절했다고 볼 수 있다.

② 화성체계가 거의 유사한데 이 또한 일본에서 표절시비가 일어

난 큰 이유 중 하나라고 생각된다.

③ 리듬은 어김없이 두 곡 모두 '뽕짝 리듬'이다. 즉 국악의 동살풀이 장단 중 '동살풀이 리듬'의 영향을 받은 것으로 간주된다.

④ 그리고 일본에서의 표절시비 중 가장 결정적인 부분 중 하나는 '동살풀이 리듬'을 차용한 '뽕짝리듬'에서 비롯되었다고 판단된다. 왜냐하면 이 시절의 일본은 '뽕짝리듬'과 같은 리듬이 존재하지 않았기 때문이다.

이상과 같이 소위 '뽕짝리듬'인 일본 '엔카의 리듬'은 한국 전통장단의 '동살풀이 장단'이 영향을 준 것으로 보여진다. 또한 고가 마사오 작곡의 〈술은 눈물인가 한숨인가〉는 전수린 작곡의 〈고요한 장안〉의 영향을 받은 것으로서 표절이라고 판단된다.

1980년대 일본에서는 엔카를 둘러싼 논쟁이 벌어졌다. 엔카를 토착적 문화라고 말해도 아무런 문제가 없는 일본에서 엔카의 원류(源流)가 한국이라는 주장이 제기된 것이다. 그 이유는 많은 엔카 가수가 한국계(재일 한국인)라는 사실이 알려졌고 엔카의 거장 고가 마사오도 한국계일지 모른다는 설이 나돌았던 것이다.

고가 마사오의 경우 한국계 혈통과는 대체적으로 무관하다고 보고 있지만 한국에 오랜 기간 체류했다는 사실을 가지고 '한국문화의 영향'과 밀접한 관계에 있지 않느냐 라고 논하는 사람도 존재한다는

것이다.[2]

음계이론(미야꼬부시-都節)을 잘못 적용하여 트로트를 왜색이라고 주장하는 한국 사람은 많아도 트로트나 엔카를 일본 고유의 것이라고 주장하는 일본인은 별로 없다는 사실이다.[3]

그러한 이유를 ① 엔카의 대표적인 작곡가인 고가 마사오가 어린 시절 한국에서 한국 전통음악의 영향을 받았다는 점, ② '미소라 히바리' 등 엔카 가수들의 상당수가 한국계라는 점, ③ 엔카 속에 한국 전통적 음악 요소가 많이 내포돼 있다는 점, ④ 호소력을 요구하는 창법이 일본가수보다는 한국가수들에게 더 어울린다는 점 등의 이유로 엔카의 원류가 한국이라고 생각하는 일본인이 의외로 많다고 한다. 따라서 트로트는 한국에서 태어나 일본으로 역수출됐다는 것이 일본 가요계의 정설이다. (2021.11.16)

---

2) 신현준, '네이버' 검색, 글 참조
3) 민경찬, '네이버' 검색, 글 참조.

일본 엔카의 창법은 미국 크루너 창법의 변형

앞에서 일본에서 표절 시비가 일었던 1931년 고가 마사오 작곡의 〈술은 눈물인가 한숨인가〉와 1926년 전수린 작곡의 〈고요한 장안〉의 악보를 비교분석한 결과 두 곡의 화성 체계가 거의 유사하고, 리듬 패턴이 8개의 마디가 비슷하거나 같으며 리듬은 어김없이 두 곡 모두 한국의 동살풀이 장단을 차용한 뽕짝리듬이라는 것으로 분석하면서 고가 마사오가 전수린을 표절했다고 결론 지었다.

추가로 한국의 동살풀이 장단과 엔카 리듬은 서로 어떤 관련이 있는지 악보 비교를 통해 좀 더 자세히 살펴 보겠다.[1]

엔카 리듬과 동살풀이 장단의 악보 비교 분석

〈엔카 리듬〉

---

1) 박상진, '앞의 논문' 참조 인용, 2013

〈동살풀이 장단〉[2]

* 위의 〈동살풀이 장단〉 중 4번이 대표적인 뽕짝 리듬이다.
"뽕 짝 뽕 짝, 뽕 짜작 뽕 짝, 뽕 짝 뽕 짝, 뽕 짜작 뽕 짝"

위와 같이 〈엔카 리듬〉과 국악의 〈동살풀이 장단〉을 비교 분석하면, (1) 〈엔카 리듬〉과 국악의 〈동살풀이 장단〉의 리듬 패턴은 유사하다고 볼 수 있다. (2) 4/4박자로서 템포도 거의 똑같다. (3) 〈엔카 리듬〉과 〈동살풀이 장단〉은 2분박으로 동종의 리듬이다. 또한, 〈동살풀이 장단〉은 위의 4가지보다도 훨씬 많은 변형장단을 보유하고 있다. 4/4박자로서 2분박 계통으로 템포도 같아 같은 종류의 리듬이라고 볼 수 있다.

일본의 엔카가 미야코부시 음계와 같이 일본만이 가지고 있는 특

---

2) 김덕수, '김덕수 사물놀이 패' 악보 참조.

유의 음악이라고 주장되어지는 것과 마찬가지로 엔카의 창법도 일본만이 가지고 있고 일본인만이 표현할 수 있는 일본 특유의 창법이라고 주장하는 한국 사람이 의외로 많다. 과연 그럴까?

〈술은 눈물인가 한숨인가〉의 작사자는 다카하시 쿠키타로인데 홋카이도의 지방신문 기자였다. 1931년 여름에 다카하시 쿠키타로가 일본 콜롬비아 문예부에 시를 투고하면서 〈술은 눈물인가 한숨인가〉가 탄생하는 계기가 된다. 문예부에서 작곡을 의뢰받은 고가 마사오는 매일 기타를 치면서 고심하며 작곡을 하게 된다.

고가 마사오는 완성된 악보를 후지야마 이치로에게 노래를 부르게 하는데 후지야마 이치로는 그 당시 도쿄음악학교(도쿄예술대학 음악학부의 전신)에 재학 중인 장래가 촉망되는 클래식 음악을 전공하는 학생이었다. 그런데 〈술은 눈물인가 한숨인가〉는 음역이 너무 낮아 쉽게 부르지 못하였다고 한다. (지난 항목 악보 참조)

이 때 후지야마는 당시 미국에 머물던 누나로부터 마이크로폰에 속삭이듯 부르는 크루너 창법에 대해서 전해 듣게 되었다. 후지야마는 일본에서 아직 보급이 안 되었던 이 크루너 창법을 채택하여 노래를 불렀던 것이다. 클래식을 전공한 후지야마는 크루너 창법에 정통 성악기술을 접목하여 새로운 발성으로 엔카를 부르게 된 것이다.

이러한 우여곡절을 겪으면서 일본 엔카의 시작곡인 고가 마사오 작곡의 〈술은 눈물인가 한숨인가〉가 탄생되었는데, 이 노래는 1931년 9월에 일본 콜롬비아에서 후지야마 이치로의 노래로 음반이 발매

되었던 것이다.

참고로 크루너 창법이란 '크루너'는 '나직하게 노래하다, 조그맣게 속삭이다'의 'croon'에서 파생된 단어로서 부드러운 콧소리가 가미된 창법을 지칭한다. 정식표현으로는 'crooning'이며 1920년부터 미국 대중음악에서 시작된 것으로 보이는데 가라앉는 듯 낮은 목소리로 속삭이며 중얼거리듯 부른다는 창법이다. 1940년대에 이 창법은 사라지면서 로큰롤이 등장하게 된다.

〈술은 눈물인가 한숨인가〉는 후지야마 이치로에 의해 불려지면서 엔카의 창법이 확립되기 시작하는데 이후에 일본에서는 소위 고부시(小節)와 우나리(으르렁거린다)로 불리는 나름대로의 독특한 창법들이 등장하게 된다. 고부시는 작은 마디라는 뜻으로 우리나라 민요나 가곡 등에서 악보에서는 표기할 수 없는 미묘한 억양이나 장단을 의미하는 단어이다.

다시 말하면 우리 전통성악이나 트로트에서 표현하는 '꺾기'를 말하는데 전통음악의 시김새와 같다고 할 수 있다. 이러한 엔카의 음악을 가장 잘 표현한 가수는 아버지가 한국인인 미소라 히바리이다. 미소라 히바리는 잔잔하게 부르기만 했던 일본 엔카를 인간의 온갖 감성을 담아서 다이내믹하게 표현함으로써 일본 엔카를 반석 위에 올려 놓게 한 장본인이다. 미소라 히바리가 부른 엔카는 대부분 히트할 정도로 역동성을 갖춘 한국인의 특성을 잘 반영하였다. (2021.11.30)

트로트는 한국의 현대민요

고가 마사오는 감수성이 민감한 유소년 시절을 한국에서 보냈다. 고가 마사오는 고가 마사오 예술대관 『古賀政男藝術大觀』의 회고기에서 "큰 형의 가게에 60여명의 조선인이 있었는데 나는 이들이 흥얼거리는 민요를 날마다 들었다."고 하였다.

작고 1년 전인 1977년 〈저 꽃 이 꽃〉이란 노래에 대해 "만일 내가 유소년 시절을 조선에서 보내지 않았다면 이러한 곡을 만들 수 없었을 것이다." 라고 말함으로써 한국의 정서와 전통음악이 자신의 음악적 기반이었음을 시인하였다.[1] 그리고 한 때는 '아리랑'도 본인이 작곡하였다고 주장하였으나 이내 취소하고 사과한 사건도 있었다.

고가 마사오는 약 11년의 기나긴 청소년기를 한국에서 보내면서 음악가로서의 소질과 재능을 키워나갔다. 한국 전통의 민요나 판소

---

1) 김열규, 『아리랑 역사여, 겨레의 소리여』, 참조, 조선일보사, 1987

리, 풍물 장단과 대중가요 등이 그의 음악적 형성에 큰 밑바탕이 되었으리라는 점은 충분히 짐작할 수 있을 것이다. 그래서인지 고가 마사오의 음악은 처음 들어보는 곡이라도 마치 예전에 즐겨듣던 곡으로 착각할 정도로 멜로디가 친근한 곡이 많다.

그것은 당시 홀어머니와 함께 사는 고가 마사오의 처지가 내일을 기약할 수 없는 어려운 생활의 연속으로서, 마치 식민지 조선의 백성과 정서적으로 동질감을 느끼게 되면서 조선의 음악에 더욱 호감을 갖게 된 때문이 아닌가 생각해 본다. 이것은 후일 고가 마사오의 음악에 한국의 정서나 가락이 상당 부분 반영되어진 중요한 이유 중의 하나라고 생각한다.[2]

전수린과 고가 마사오는 어릴 적부터 같은 동네에 살면서 친교를 다져왔던 것으로 알려졌다. 이들의 친교는 성인이 되어서도 계속되었으며 양국을 오가며 만날 때는 서로 포옹까지 하였다고 하니 꽤 친교가 두터웠던 것으로 보인다. 이러한 관계가 어쩌면 서로에게 음악적 영향을 끼치게 되는 것은 당연하다고 볼 수 있을 것이다.

고가 마사오의 작곡이 먼저 작곡한 전수린의 곡에서 영향을 받았다는 것 또한 얼마든지 가능한 일이라고 여겨진다. 사실 이러한 내용들은 일본의 유행가와 한국의 유행가가 닭과 달걀의 관계처럼 누가 먼저라고 할 것도 없이 상호간에 영향을 주고받으며 태동하고 성장

---

2) 소리바위, '네이버' 글 참조

했음을 말해주는 대목이다.

지난 항목에서는 후지야마 이치로에 의해 도입된 크루너 창법과 소위 고부시(小節)와 우나리(으르렁거린다)로 불리는 나름대로의 독특한 창법들이 가미되어 엔카의 창법이 갖춰지는 과정을 소개하였다.

고부시(小節)와 우나리(으르렁거린다, 떤다)는 악보에서는 표기할 수 없는 미묘한 억양이나 장단 같은 국악의 시김새를 의미하는데, 한국의 전통성악이나 트로트에서 표현하는 '꺾기' '뒤집기' '흔들기' 등을 말한다. 그런데, 이러한 창법을 잘 표현한 가수들이 미소라 히바리 등 한국계 일본인 가수라고 한다. 그렇다면, 한국의 전통성악에는 어떤 독창적인 특징적 요소가 있는 것일까?

최근에 트로트 경연 방송에서 심사위원인 마스터들의 심사평에서 '꺾기', '흔들기', '떨기', '뒤집기' 등의 용어가 나온다. 이러한 용어는 발라드 음악이나 록음악, 혹은 재즈와 팝음악에서는 전혀 언급되지 않는다. 다른 장르의 대중음악에서는 찾아볼 수 없는 오직 트로트에서만 들을 수 있는 용어들이다. 이러한 트로트 창법의 기교(국악에서는 시김새라고 표현)는 민요나 판소리에서의 대표적인 요소라고 할 수 있다.

'꺾기'는 반음 위의 음에서 그 음으로 빠르게 흐느끼듯 내려오는 기교를 말하는데 판소리와 민요 등 어느 장르에서나 자연스럽게 표현되고 있다. 특히 슬픈 음악인 계면조에서 다양하게 사용되고 있다.

'뒤집기'는 방울목, 치는목이라고도 하는데 일반사람들은 요들송 표현 같다고 하여 요들목이라고도 부른다. 요들송의 기교처럼 긴 한음 소리에 살짝 힘을 빼고 요들목을 소리에 얹으면서 소리를 뒤집는 기교를 말한다.[3]

노래를 할 때 이러한 뒤집는 시김새를 적절히 사용하면 화사하면서도 아름다움을 느끼게 한다. 그러나 아무 대목에서나 분별없이 사용하면 음악에 대한 격도 떨어지고 듣기 역겨운 음악이 된다.

트로트를 부를 때 국악의 성악을 전공한 사람은 일반가수들이 표현하지 못하는 기교들을 자유자재로 더 깊이 표현할 수 있지만, 오히려 트로트를 부를 때는 국악적 요소를 빼느라고 힘들어 한다. 자칫 트로트가 민요처럼 들릴 수 있기 때문이다. 그럼에도 국악의 성악 전공자가 트로트를 부르게 되면 맛깔스러움을 느끼게 하는데 그 이유는 가창력, 바로 복식호흡을 통한 호흡법 등 소위 공력을 통한 수련 과정의 결과라고 생각해 본다.

노래할 때의 좋은 호흡은 고음, 중음, 저음은 물론 강약, 그리고 굵게 떠는음, 가늘게 떠는음 등 노래의 다이내믹을 자유자재로 표현할 수 있는 것을 말한다. 그야말로 트로트는, 트로트라는 용어를 제외하고는 우리나라에서 독창적으로 개발된 세계에서 유일한 대중가요 스타일의 '현대민요'라고 해도 지나침이 없을 것 같다. (2021.12.14)

---

3) 유지숙, 서도민요 명창의 글, 제언 참조

흙과 바람, 전통과 변화

얼마 전 자동차 전용도로를 운전하며 가는데 "길어깨 없음"이라는 표지판을 보고 어리둥절했다. '길어깨?' 약 20여 년 전에 노견(路肩)을 우리말로 바로 쓴다고 '길어깨'로 잠깐 사용하다가 '갓길'로 개정하여 사용하고 있는 것으로 알고 있는데 느닷없이 '길어깨'라는 용어가 등장한 것이다.

이미 도로교통법이 1991년에 개정돼서 시행되고 있는 것으로 알고 있다. 아마도 도로공사에서 설치한 표지판일 텐데 아직도 20여년 전 용어를 사용하다니 오래 전부터 사용하던 것을 감각없이 그대로 사용하는 것인지 의아할 따름이다.

길어깨(노견)라는 말은 영어의 'Road Shoulder'를 일본에서 영문자 그대로 '노견'으로 직역한 일본말을 다시 우리말로 그대로 바꾼 것이다. 만약 한자 단어 '노견'을 그대로 한글로 표기하여 계속 사용했다면 아마도 '길거리를 방황하는 개'의 뜻으로 읽혔을 것이다.

노견을 노변(路邊)의 개념으로써 갓길이라고 개정한 것이다. 갓길은 큰 도로 옆의 가장자리 길을 말하는 것으로서 우리나라 토착어인 것이다.[1]

한자나 영어 같은 외래어들은 구두신고 발을 긁는 것과 같다. 상처 위에 생긴 딱정이가 떨어지면 여린 새살이 난다. 한자와 외래어들은 한국인의 마음에 난 상처를 덮은 딱지 같은 것이다. 그 딱지가 떨어지면 새로 나온 새살의 감촉과 신경줄 같은 토착어가 살아난다.

이렇게 같은 뜻의 센서티브한 토속 문화가 있다. 좋은 말을 자꾸 쓰면 굳은살이 박인다. 일상어는 발뒤꿈치처럼 굳은살이 박인 언어이다.

창조력의 씨앗은 당연히 지극히 이 토착어 또는 토속문화 속에 녹아들어 있다. 그것을 우리는 풍토(風土)라고 부르는데 우리가 발을 딛고 사는 토(土) 즉 '흙'은 고정불변의 상징이라고 할 수 있다. 그러나 '바람(풍)'은 한순간도 머물지 않는 변화의 상징이다. 일본인이 아무리 약탈을 해가도 흙은 약탈할 수 없었다. 땅속에는 우리 선조들의 혼이 묻혀 있다.

그러나 바람은 끊임없이 변한다. 동쪽에서도 불고 서쪽에서도 불어 온다. 서양에서 그리고 일본과 중국에서도 불어 들어온다. 결국 흙속에 저 바람 속에 우리의 운명이 있고 과거와 오늘이 있고 또한, 미래가 있는 것이다.[2]

---

1) 김민희, '앞의 책', 참조 인용
2) 김민희, '앞의 책', 참조 인용

토착어를 우리는 보통 모국어라고 부른다. 그러나 토착어는 모국어보다도 더 원천적인 언어라고 할 수 있다. 이어령 선생에 의하면 "토착어란 세 살 때 어머니의 품에서 옹알이를 할 때부터 몸에 익힌 모국어이다. 내 인생의 첫 책은 어머니의 모습이고 어머니의 말, 어머니가 읽어주셨던 그 많은 모음과 자음에서 상상력을 길렀다"고 말한다. 한마디로 모국어로 생각하는 것이 왜 창조력과 영감의 원천인지를 설명하는 대목이다.

한국의 미(美)를 말할 때 '여백(餘白)의 미'라고 한다. 여백의 미란, 종이 전체에서 그림이나 글씨 따위의 내용이 없이 비어 있는 부분을 말한다. 한국화 중 '산수화, 풍속화' 등에서 주로 나타나 있다.

한국음악 중 국악도 '여백의 미'를 표현한 예술이라고 할 수 있는데 서양음악은 화성음악으로써 음악을 꽉 채운 듯이 느껴지지만 국악은 선율음악으로서 서양음악에 비해서 웅장함이 덜 느껴지면서 서양음악에 비해서 단출함도 느껴지는 특징을 가지고 있다.

그 여백 속에는 무엇이 있는지는 보고 느끼는 사람의 상상에 맡기는 거다. 그 여백 안에 무엇을 넣든 그건 각자의 자유다. 그 여백은 상상하는 이를 끌어들이는 힘으로 작용한다. 정확하게 여백이 없이는 상상하는 이를 끌어들이는 힘을 갖지 못한다.

그 여백은 한국 음식도 그렇다. 한국 음식 하나하나는 완성품이 아니며 밥은 싱겁고 반찬은 짜다. 싱거운 밥이 맵고 짠 김치와 입속에서 어우러질 때 진정한 맛이 난다. 먹는 사람이 적극적으로 참여해

비로소 완성되는 것이 한국음식이다.[3]

'흙'은 고정불변의 상징이라면, '바람'은 한순간도 머물지 않는 변화의 상징이다. 그 흙속에서 5000년보다 훨씬 많은 세월의 굴곡의 역사를 딛고 아름답고 귀중한 우리의 토속문화 즉, 전통문화가 피어난 것이다. 그 흙의 역사 속에서 피어난 전통문화 속에는 우리 선조들의 혼이 서려 있다. 우리 선조들의 눈물과 피와 땀이 있다.

일제 강점기가 말살하려 했던 그 전통문화는 은근과 끈기의 엄청난 창조적 힘으로써 그 모진 '바람'을 받아치고 극복하고 끌어안으면서 오늘의 '한류(韓流)'를 만들어낸 것이다.

'한류'는 한국문화가 세계적으로 소비되고 있는 현상을 말한다. 한류의 열풍은 중국뿐만 아니라 일본과 동남아시아, 그리고 세계로 확산되었다. 또한 TV드라마, 대중가요, 영화 등 대중문화뿐만 아니라 가전제품, 김치, 고추장, 라면 등에 이르기까지 포괄적인 모든 현상까지도 한류라고 부르기에 이르렀다.

그 중에 특히 K-POP의 역할이 독보적이다.

"싸이 때문에 세계가 한국을 주목하고 있다. 싸이는 한국의 영웅이다."라고 2012년 한국을 방문한 에릭 슈미트 구글 회장은 말하였다. 2012년도에 싸이의 〈강남스타일〉을 발표하면서 불기 시작한 싸이 열풍은 2013년도에 UN 미래포럼(the Millennium Project)에서 '싸이현상'으로 명명되었다. 그리고 이러한 '싸이현상'을 미래학자들은 대표적인 '미래현상'이라고 주장하기에 이르렀다. (2021.12.28)

---

3) 김민희, '앞의 책', 참조 인용

제2장

한류와
4차 산업혁명

한류와 4차 산업혁명(1)

"박상진의 한류 이야기"는 문화와 문명사적 테두리 안에서 정치, 경제, 사회, 그리고 문화를 들여다보며 한류 문화가 미래를 향해 지속적으로 발전하기를 염원하는데 그 의미를 담고 있다. 최근 '한류'는 K-POP의 BTS는 물론, 오징어 게임·기생충 등 다양한 분야에서 우리도 놀랄 정도로 세계인들이 우리 문화에 대한 관심을 갖게 하고 있다.

영국의 BBC 방송에서는 "〈오징어 게임〉의 인기는 갑자기 나타난 현상이 아니다"라고 하면서 "최근 몇 년간 서구 전역에 만들어진 '한국 쓰나미'의 가장 최근 물결"이라고 보도했다. BBC는 한국 등 아시아의 정치 경제적 흐름에 따른 사회 분위기의 변화라고 짚었다.

BBC는 "1990년대 한국의 자유화 분위기는 엔터테인먼트 산업에 큰 투자를 만들어냈고 일본이 경기 침체로 고전하는 동안 중국이 부상했다"고 설명했다. 그러면서 "동시에 한국 문화도 주목받기 시작했는데 아시아권에선 미국보다 한국이 만든 프로그램이 더 공감을 이끌어냈고 중국 프로그램보다 정서적으로도 구미에 맞았다"라고 분석했다.

한국 드라마 팬인 영국 작가 테일러-디오르 럼블은 "세련되고 화려한 연출, 환상적인 내용으로 현실도피에 알맞았다."라고 하면서 "특히 부채·실업 등 경제적인 문제들은 팬데믹을 극복하기가 상대적으로 어려운 사람들에게 큰 반향을 일으켰다"라고 봤다.[1]

영국 일간지 가디언이 보도하기를 전 세계 5억 명의 회원을 확보하고 있는 외국어 학습 에플리케이션 '듀오링고'에서 '오징어 게임' 방영 직후 한국어 학습자가 영국에서 2주 만에 76%, 미국에서는 40%나 늘었다고 했다.

현재 전 세계 듀오링고 한국어 학습자는 800만명에 달한다고 한다. 한국어를 제1외국어로 택하는 외국의 대학들도 늘어나고 있다. 듀오링고 측은 이렇게 치솟는 한국어 학습 수요의 동력을 '한류'의 영향이라고 했다.

식민지와 전쟁을 겪으며 제기할 수 없는 폐허 속에서 세계10위 경제권으로 우뚝 선 나라는 세계사적으로 볼 때 한국이 유일하다고 한다. 이것을 우리는 '한강의 기적'이라고 부른다. 작금의 한류도 '한강의 기적'의 토대 위해 형성된 한국인의 창의적 상상력의 발현이라

---

[1] 국민일보 기사 참조.

고 볼 수 있다. 한 동안 지속될 것이라고 생각한다. 그러나 국내외의 정치 상황과 한반도의 지정학적 특수성을 고려한다면 과연 한류는 꺾임 없이 지속가능할 것인지에 대한 의문이 생긴다.

산업화는 늦었어도 정보화는 앞 당기자라는 국정철학은 우리나라를 현재의 정보화 선진국으로 도약하게 했다. 그렇다면 4차산업혁명의 시대에 들어섰다고 하는데 이를 성공시킴으로써 제2의 한강의 기적을 만들어 내고 한류를 지속시켜야 할 텐데 우리는 그것에 대한 준비는 하고 있는 것인지를 돌아보게 된다. 따라서 여러 정치상황과 한반도의 지정학적 문제를 극복할 수 있는 '새로운 길'을 모색할 시점이라고 생각한다.

인류 문명사를 되돌아보면 새로운 길이 열릴 때 비로소 새로운 시대가 열렸다.[2] 인류 문명사의 '새로운 길'인 변곡점에 대해서 간단히 살펴보겠다.

실크로드(Silk Road)가 처음 열린 것은 기원전 100년을 전후한 때이다. 동방의 비단, 도자기 같은 상품과 화약, 종이 등의 제조기술이 서역으로 갔고, 서역의 향신료인 후추와 호두, 깨 등과 유리제품 및 제조기술이 동방으로 들어왔다.

이 때 실크로드 선상에 있는 그리스, 로마, 페르시아, 이슬람, 훈,

---

2) 김태유·이대식 엮음, 『한국의 선택』 참조 인용, 서울대학교 출판문화원 발행, 2021. 김태유의 글을 전적으로 인용 및 참조

몽골, 중국 등의 고대문명이 번영하게 된다. 이때까지만 해도 동북아시아가 정치, 경제, 문화 등 모든 면에서 인류문명의 중심이었다고 해도 과언이 아니다.

향신료길(Spice Route)이 본격적으로 열리기 시작한 것 8세기경이다. 인도네시아의 말루크제도에서 생산된 후추, 정향, 육두구, 계피, 침향 등의 향신료가 중동지역을 거쳐 알렉산드리아와 콘스탄티노플에서 지중해로 넘겨졌다.

11세기에 시작된 십자군 전쟁 등의 기독교와 무슬림 간의 천년을 이어온 숙적관계는 향신료 무역을 독점하기 위한 뺏고 빼앗기는 싸움이었다. 이 때 전성기를 맞은 이슬람 문명은 그리스 로마의 고전과 페르시아 인도 문화를 종합 발전시켜 르네상스 문화의 기반을 제공한다.

1488년 이후 네덜란드는 동인도회사를 앞세워 선발 주자인 포르투갈과 스페인을 제치고 새로운 항로인 희망봉을 통하여 향신료 무역을 독점함으로써 상업혁명(Commercial Revolution)으로 새로운 시대를 열었다. 기존의 향신료 길에 의존하던 중동 무슬림과 지중해 기독교 문명이 동반 쇠태하고 본격적으로 서유럽의 시대가 열리기 시작한 것이다.

1784년 네덜란드를 제압한 영국은 5대양 6대주에 해가지지 않는 나라 대영제국을 건설한다. 향신료와 차 무역에 이어 영국은 면직물 생산을 시작함으로써 제조업에 기반한 산업혁명(Industrial Revolution)을 일으킨다. 8천년 동안 이어져 온 기존의 농업문명과는 근본적으로 다른 새로운 시대의 문명이 탄생한 것이다.

　상업제국으로 시작된 영국의 세기(Pax Britannica-영국의 지배에 의한 패권)는 산업혁명이라는 문명사적 대변혁을 통하여 역동적으로 발전하는 산업문명 사회를 열어간다. 가난과 질병과 신분의 족쇄로 고통 받던 농업사회의 대중에게 풍요와 건강과 자유민주 질서를 가능케 한 산업혁명은 한마디로 인류문명 사상 가장 큰 축복의 서막이었다.

　영국에서 시작된 산업혁명은 더 빨리 더 크게 발전하여 현재는 미국의 세기(Pax Americana-미국의 힘에 의해 유지되는 패권)로 절정에 이른 현대산업 문명의 중심축을 형성하고 있다. 그야말로 인류문명은 인간의 경제활동에 의해 창출된 가치로 이루어진 것이라고 할 수 있다.

　그러나 상업혁명으로 범선을 타고 5대양을 종횡으로 누비기 시작한 서유럽 인들은 지구상의 모든 땅을 식민지화하기 시작했다. 당장 주인 없는 빈 땅은 필요하든 말든 사막과 동토를 가리지 않고 바다 멀리 외로운 돌섬에서 대륙붕에 이르기까지 모두 깃발을 꽂아 점령해 버렸다.

　3차 산업혁명(The Third Industrial Revolution)을 처음 언급한 미래학자 제레미 리프킨은 태양광, 풍력 등 친환경 신재생에너지의 출현과 마이크로그리드 등이 정보통신기술(ICT)과 결합해서 출현한 새로운 경제로의 발전과정이라고 3차 산업혁명을 언급했다. 소위 우리가 말하는 정보화 사회이다. (2022.1.11)

한류와 4차 산업혁명(2)

"박상진의 한류 이야기" 중 '한류와 4차 산업혁명(2)'는 지난 항목에 이어 문화와 문명사적 테두리 안에서 정치, 경제 등을 들여다보며 한류의 지속가능성을 모색해보고자 한다.

BBC는 "1990년대 한국의 자유화 분위기는 엔터테인먼트 산업에 큰 투자를 만들어냈고 아시아권에선 미국보다 한국이 만든 프로그램에 더 공감했으며 중국 프로그램보다 정서적으로도 구미에 맞았다"라고 분석했다.

한국 드라마 팬인 영국 작가 테일러-디오르 럼블은 "세련되고 화려한 연출, 환상적인 내용으로 현실도피에 알맞았다."라고 하면서 "특히 부채·실업 등 경제적인 문제들은 팬데믹을 극복하기가 상대적으로 어려운 사람들에게 큰 반향을 일으켰다"라고 보도했다.

이러한 세계인들의 인식 변화는 한국의 발전된 정치와 경제적 상황의 결과에 의한 것이라고 볼 때 현재의 한류가 지속적으로 가능하도록 하는 정치와 경제적 발전의 모색은 더 적극적으로 필요한 사항으로 여겨진다. 그 발전적 모색은 문명사적으로 '산업혁명'을 가져다준 '새로운 길'의 모색에서 그 답을 찾고자 하는 것이다.

'산업혁명'은 일반적인 개념으로 사용되어오다가 영국의 역사학자 아놀드 토인비에 의해 학술용어로 정착되었다. 토인비는 기술적 혁신으로 인해 나타난 사회·경제적인 큰 변화를 산업혁명이라고 명명했다.

산업혁명의 주요 내용으로는 급격한 인구의 증가, 농촌 인구의 상대적인 감소, 기계의 발명과 공장에 의한 수공업의 대체, 부의 축적과 자본주의 출현, 공장 시스템 하에서의 노동자의 지위 약화 등을 언급했다.[1]

산업혁명을 1차와 2차로 구분한 것은 생물학자 패트릭 게데스(Patrick Gedds), 경제학자 데이비드 란데스(David Landes) 등에 의해서이다. 일반적으로 1차 산업혁명은 1780년 경 영국에서 일어난 석탄, 야금, 직물 혁명, 그리고 2차 산업혁명은 1870년 경 독일과 미국에서 시작된 전기, 화학, 강철 혁명으로 정의한다. 또한 란데스는 2차 산업혁명을 화학과 전기과학의 극적인 발전 및 내연기관과 같은 에너지원에 기반한 새로운 산업의 등장으로 정의한다.

---

1) 김태유·이대식 엮음,『한국의 선택』참조 인용, 서울대학교 출판문화원 발행, 2021. 김태유의 글을 전적으로 인용 및 참조하였음

3차 산업혁명과 관련된 논의는 사회학자 다니엘 벨(Daniel Bell)의 저서 『탈 산업사회의 도래』에서 시작되었다. 벨은 사회발전 단계를 산업화 이전사회와 산업사회 그리고 산업화 이후의 사회로 구분하고 산업화 이후 세계를 정보와 지식이 주요 자산인 사회라고 규정한다. 소위 우리가 말하는 정보화 사회이다.

  4차 산업혁명은 경제학자 클라우스 슈밥(Klaus Schwab) 다보스 포럼 회장이 주창한 개념으로서 인공지능(AI), 로봇기술, 사물인터넷(IoT), 바이오 등의 초지능(super intelligence) 기술이 인간과 사물 간에 초연결(hyper connectivity) 소통체계를 구축하여 생산과정이 최적화되는 산업혁신을 의미한다.

  이러한 기술적 혁신들이 물리적, 디지털, 생물학적 공간에서 서로 상호작용을 하며 이것이 기존의 산업혁명과 구별되는 본질적인 차이점이라고 강조한다.

  토마스 무어(Thmos Moor)는 하루 6시간 노동으로 삶을 풍족하게 영위할 수 있는 세상을 유토피아(Utopia)라고 주장했다. 그렇다면 오늘날 현대 산업사회는 이미 유토피아에 매우 근접한 사회라고 볼 수도 있다. AI와 로봇이 본격적으로 생산현장에 투입되는 4차 산업혁명시대에는 하루 3시간 남짓 또는 주 3일 노동으로 모든 근로자가 풍족하게 삶을 영위한다고 할 수 있는 그야말로 현대인이 꿈꾸는 유토피아가 성큼 다가오고 있다고 볼 수 있기 때문이다.

이런 유토피아 세상이 도래하여 많은 여가 시간이 생기면 많은 사람들은 결국 여행, 체육, 취미, 오락 등의 활동으로 여가시간을 보내게 될 것이다. 이런 활동의 상당부분으로 인해 화물의 적채가 이루어지고 여객의 폭발적 증가가 이루어질 것이다.

최근 베니스, 암스테르담 등의 유명 관광지에서는 관광객을 제한하려는 움직임이 있다. 이러한 현상은 관광객의 급격한 증가에 따라 주민들의 삶에 지장을 초래하는 바람에 취해지는 조치라고 한다.

화물과 여객의 폭발적 증가 추세는 기존의 길, 즉 동북아에서 믈라카 해협과 수에즈 운하, 지브랄타 해협을 지나 유럽으로 가는 기존 항로의 수용 능력을 이미 넘어서고 있다. 그런 이유로 말레이 반도를 관통하는 새 운하가 계획되고 있고 수에즈 운하가 확장되었지만 여전히 병목 현상이 계속되고 있다.

니카라과에 태평양과 대서양을 연결하는 새로운 운하도 추진되고 있다. 이처럼 기존의 항로는 4차 산업혁명시대의 화물과 여객을 더는 수용할 수 없는 지경에 이르렀다.

그런데 4차 산업혁명의 새로운 문명에 의해서 전 세계의 모든 생산자가 전 세계의 모든 소비자를 대상으로 확장되고 있고, 고도화된 새로운 시대의 삶에 필요한 모든 맞춤화된 상품을 서로 사고 파는 세상이 되고 있다.

늘어나는 여가시간에 지구상의 모든 곳을 여행하는 세상이 되어가고 있고, 때문에 기존의 길은 모두 차고 넘쳐서 새로운 길을 모색해야 할 처지가 되었다. 그 '새로운 길'은 때마침 온난화 현상으로 녹아가고 있는 북극에 있는 길로서 '북극항로'인 것이다.

지금 4차 산업혁명의 세상이 '북극항로'라는 새로운 길을 향해 돌진하고 있다. 과거에 새로운 시대를 열었던 새로운 길이 기존의 길을 대체하는 길이었다면 북극항로는 기존의 길이 차고 넘쳐서 새로 열릴 수밖에 없는 길이다.

과거의 새로운 길은 인류문명이 기존의 길을 버리고 선택한 새로운 길이었다면 지금 열리기 시작하는 북극항로는 기존의 길에 더하여 인류문명이 선택의 여지도 없이 떠밀려서 갈 수 밖에 없는 단 하나의 새 길인 것이다. 그래서 어차피 가야만 할 길이라면 우리가 먼저 가서 선점해야 한다는 것이다.

왜냐하면 4차 산업혁명 시대는 2차 산업혁명시대처럼 승자독식(勝者獨食)이 아닌 선승독식(先勝獨食)의 시대가 될 것이기 때문이다. 이제부터는 먼저 가면 승리자이고 늦게 가면 패배자이다. 이것이야말로 속도가 점점 빨라지게 되는 지식기반사회의 가장 기본적인 속성이다. 지식기반사회라고 할 수 있는 4차 산업혁명의 시대를 성공시키기 위한 준비로서 '새로운 길'을 선점하는 것이다. 그래서 대한민국이 선도해야 할 4차 산업혁명은 곧 북극항로의 선점이고 북극항로의 선점은 그 주변국과 우리나라와의 관계를 발상의 전환을 통하여 획기적으로 발전시키는 것이 최상의 방책이라고 할 수 있을 것이다. (2022.1.25)

한류와 4차 산업혁명(3)

선승독식(先勝獨食)의 시대에 대비하고 4차 산업혁명의 시대를 성공시키기 위한 준비로서 '새로운 길'을 선점해야 한다. 그래서 대한민국이 선도해야 할 4차 산업혁명은 곧 북극항로의 선점이고 북극항로의 선점은 그 주변국(한미동맹+러시아)과 우리나라와의 관계를 발상의 전환을 통하여 획기적으로 발전시키는 것이 최상의 방책이라고 할 수 있을 것이다.[1]

그러나 우리는 2차 산업혁명에 제대로 대처하지 못하여 초래된 일제강점기와 한반도 분단 등 우리의 뼈아픈 역사를 가지고 있다. 그러면서 우리는 현재 새로운 산업혁명, 4차 산업혁명에 또다시 실패할지도 모른다는 위기에 직면해 있다.

북핵 위기, 사드(THAAD) 사태와 한중관계, 일본의 한국에 대한

---

1) 김태유·이대식 엮음, '앞의 책', 참조 인용, 김태유의 글을 전적으로 인용 및 참조

수출규제와 한일관계 악화 등 안보와 경제는 아직도 위기를 벗어나지 못하고 있다. 그런데 정말 심각한 걱정꺼리는 이러한 갈등과 분쟁 속에 우리가 국력을 소진한 나머지 4차 산업혁명 대열에서 낙오하게 되는 것이 아닌가 하는 것이다.

북핵문제는 안보문제이고 4차 산업혁명은 경제 문제라는 측면에서 이 둘은 엄연히 별개의 사안이다. 그런데 북핵문제의 대응에서 박근혜 정부는 강하게 부딪쳐서 성공하지 못했고 문재인 정부는 부드럽게 감싸 안아서도 성공하지 못하고 있다.

그 이유는 미국, 중국, 일본의 북핵 관련 이해관계를 조정할 '선택지(選擇肢)'가 우리에게는 없기 때문이다. 그러한 사실을 알아차린 북한조차도 우리를 함부로 대하고 있다.

경제 문제에 있어서도 최근 2000년대 이후 10~20년 동안에 한국과 일본의 교역량은 3.7배 증가했고 한국과 중국과의 교역량은 12배 가까이 증가했다. 유사 이래 처음으로 한국, 중국, 일본, 동북아 3국 간의 '경제적 연횡(連橫)'이 본격적으로 빛을 발하기 시작한 것이다. 그야말로 동북아시아 3국 간 '동반성장'의 모범사례였던 것이다. 그러나 사드사태와 대한수출규제 등 일련의 갈등 상황은 한-중-일 동반성장의 길이 앞으로도 결코 순탄치만은 않을 것이라는 사실을 잘 보여준다고 할 수 있다.

이러한 일련의 경제적 갈등 상황 속에서 우리는 소외된 채 일방적으로 끌려 다니고 있다. 그 이유 또한 한반도 주변 3강의 경제적 이해관계를 조정할 마땅한 선택지가 우리에게 없기 때문이다. 그래서 우리의 4차 산업혁명이 심각한 위기를 맞이하고 있다는 것이다.

그렇다면 북핵위기 해결과 4차 산업혁명의 성공이라는 두 가지 난제를 동시에 풀어낼 수 있는 비법을 모색해야 할 때라고 본다.

이제 남은 방법은 먼저 한반도를 둘러싸고 있는 미국, 중국, 일본의 3강의 평면적 고정관념에서 벗어나는 것이다. 지금까지 언급한 문명사적 시각에서 한반도의 현재와 미래를 입체적으로 조망함으로써 발상의 전환을 통하여 한반도 주변 정세의 판을 근본적으로 바꾸는 전략적(戰略的) 결단이 필요하다고 보는 것이다.

잠깐 역사를 되돌아보자, 과거 동북아시아는 인류문명의 중심지였다. 인류문명의 4대 발명품인 종이, 화약, 나침반, 인쇄술이 동북아에서 나왔고 한때 세계 총생산의 절반이 동북아에서 생산되었다고 한다.

유럽 대륙의 두 배가 넘는 넓은 동북아 대륙에는 원래 수십 개의 국가와 민족이 있었다. 그런데 언제부터인가 '천하통일관(天下統一觀)'이라는 강박관념에 사로잡혀 동북아 대륙의 수많은 민족과 국가들이 오직 천하통일을 향해 끝없는 싸움을 하기 시작했다.

이처럼 동북아국가들이 통일과 분열에 의한 이합집산(離合集散)을 반복하는 동안 서유럽인들은 오대양을 접수하고 육대주의 정벌에 나서게 된다. 스페인과 포르투갈은 조그마한 이베리아 반도에 이웃하는 나라이다.

그들은 반도 통일을 향해 안에서 싸우기보다는 1494년 토르데시아스 협정(Tordesillas 협정)으로 새로운 식민지를 나누어 갖기로 합의한다. 그리고 선의의 경쟁을 통해 밖으로 뻗어나가기 시작한다. 뒤이어 네덜란드, 영국, 프랑스 등 서유럽 국가들도 앞다투어 넓은 세계로 진출해 갔다.

물론 이들 국가 간에서도 전쟁이 끊이질 않았지만 유럽의 통일보다는 주로 해외 식민지를 선점하기 위한 경쟁이었다. 유럽인은 동북아의 역사적 갈등과 같이 서로 3국 간의 뺏고 빼앗기는 제로섬게임(zero-sum game)이 아닌 서로의 것을 뺏지 않고도 서로 협력하는 포지티브섬게임(positive-sum game), 즉 동반성장과 동반번영의 모습을 보여주었던 것이다(물론, 유럽의 식민정책을 긍정하는 것은 아니다).

앞에서 언급한대로 2000년대 초반의 한-중-일의 연횡에 의한 동반성장, 동반번영의 모습으로 보여졌던 그 때는 유럽의 포지티브섬

게임(positive-sum game) 처럼 보였다. 그러나 일본의 대한수출규제, 사드사태와 한한령의 상황에 부닥치자 3국의 지도자들은 이를 정치적으로 이용하여 국가 간 강경대치 국면을 조성하고 또 민족 감정을 자극하여 사태를 더욱 악화시키고 말았다.

이렇게 악화된 한중, 한일 간의 불편한 정치적 관계는 일회성 사건으로 촉발된 것이기 때문에 당사국 간의 이해와 절충으로 얼마든지 봉합해 나갈 수 있는 사안이다. 그런데 더 악화되었다. 이러한 상황이 동북아 3국의 현실이다.

동북아인의 천하가 동북아시아 대륙에 한정된 소천하(小天下)였다면 유럽인이 꿈꾼 천하는 대천하(大天下)였던 것이다. 지금도 동북아의 미래를 결정할 힘이 있는 중국과 일본은 아직도 편협한 소천하의 통일관을 벗어나지 못한 것처럼 보인다.

이들 양국 지도자의 정치적 선택 그리고 언론 및 국민 대중의 여론 추이로 미루어볼 때 동북아인의 문명사적 사고의 지평이 아직 유럽인의 수준에 크게 못 미치는 것은 아닌가 하는 의구심을 떨쳐버릴 수 없다. 이와 같은 이유로 안타깝지만 미국의 세기(Pax Americana-미국의 힘에 의해 유지되는 패권)는 당분간 계속될 수밖에 없을 것이다. (2022.2.8)

한류와 4차 산업혁명(4)

과거 한반도가 중국, 일본, 러시아의 각축장이 되고 일제강점기, 분단과 한국전쟁, 그리고 현재 진행 중인 북핵 위기까지도 그 연원을 거슬러 올라가보면 그 이유를 알 수 있다. 그것은 우리가 1차 대분기(大分岐)라고 하는 산업혁명에 실패하여 부국도 강병도 하지 못한 결과가 초래됐기 때문이다.

만일 우리가 2차 대분기라고 하는 4차 산업혁명에 또다시 실패하게 된다면 우리 후손들이 또 어떤 치욕과 불행을 겪게 될지 심각하게 우려하지 않을 수 없다. 따라서 한반도를 중심으로 한 강대국 간의 이해관계와 북핵위기는 우리가 주도적으로 해결해나가야만 할 절체절명의 위기이다.[1]

위와 같은 대한민국의 위기를 해결하기 위해 '새로운 길'을 선택해

---

1) 김태유 · 이대식 엮음, '앞의 책' 참조 인용, 김태유의 글을 전적으로 인용 및 참조

야 할 시점에 와 있다. 대한민국은 동북아에서 확실한 전략적 선택지를 가지고 있다. 그 선택지란 "한-중-일의 연횡과 한-미-러의 합종(合從)의 균형"이라고 말할 수 있다.

안타깝게 중단된 한-중-일의 연횡을 되살려서 동북아가 인류문명의 중심에 우뚝 서는 방법은 한-미-러의 합종을 통하여 연횡의 한계와 문제점을 극복해 나가는 것이다. 이들 4강의 관계는 한마디로 견제와 균형이다.

미중관계는 대표적인 견제와 균형관계이다. 미일관계는 겉보기에는 일본이 미국 쪽으로 쏠린 듯 보인다. 그것은 일본 특유의 겉마음(다테마에: 建前)이다. 일본의 속마음(혼네: 本音)에는 원자폭탄과 1985년 9월 미국 플라자호텔에서 엔화 강세를 압박한 '플라자 합의'의 한(恨)이 서려 있다. 물론 미국도 이러한 사실을 너무 잘 알고 있다.

러중 관계는 러시아의 자원과 군사력이 중국의 경제력과 상호보완 관계에 있다. 미국의 러시아 제재와 미국의 중국 견제에 대항해 당분간 힘을 합치고 있는 것이다.

장기적으로는 14억 인구의 중국과 1억 4천만 인구의 러시아가 과거 중국의 영토가 포함된 광대한 극동러시아를 두고 다투게 될 것이다. 러시아와 일본 사이의 관계도 복잡하다. 현재 일본이 영유권을 주장하지만 러시아가 실효 지배하고 있는 쿠릴 열도 4개 섬에 대한 영토분쟁이 언제 사할린까지 번져갈지 알 수 없는 일이다.

김태유 교수는 『한국의 선택』에서 "이상 4강 간의 피할 수 없는 팽팽한 구조적 긴장관계는 오히려 한반도를 중심으로 한 연횡과 합종의 균형을 우리가 주도적으로 이끌어갈 수 있는 힘의 원천이다. 이것은 그동안 인류문명의 발전 원리와 패권의 비밀을 경제이론과 역사적 실증 작업을 통하여 도출된 결론이다"라고 하였다.

세계사를 돌아보면 실크로드로부터 지중해, 발트해, 대서양, 태평양, 인도양 등 새로운 물류를 개척하고 장악한 국가가 세계 문명과 패권을 좌지우지했다. 중국이 명나라의 장수이며 탐험가인 정화(鄭和, 1371~1434)가 개발한 물류를 적극적으로 활용했다면 그 이후의 비극적인 운명을 피했을 뿐만 아니라 유럽으로 기운 패권의 축이 반대로 기울었을 지도 모를 일이다. 그런데 우리 앞에 새로운 물류가 열리고 있다. 바로 가시적으로 '북극항로'이며 비가시적이지만 더 큰 의미가 있는 '데이터 유통'이다.[2]

주목할 점은 이 두 가지 새로운 물류 부문에서 한국이 글로벌 영향력을 발휘할 수 있는 유력한 조력자가 바로 러시아라는 사실이다. 우선 러시아는 북극해 연안의 60%를 차지한다. 북극항로를 통해 부산과 로테르담을 운행할 경우 기존 수에즈운하를 통한 운항보다 거리는 32%(2만 2,000km→1만 5,000km), 운항 일수는 10일(40일→30일)을 줄일 수 있다.

2) 김태유 · 이대식 엮음, '앞의 책' 참조 인용, 이 단락은 이대식의 글을 인용 및 참조

시간과 비용을 모두 절감할 수 있을 뿐만 아니라 북극 및 러시아에서 생산되는 천연 지하자원·광물자원 등을 직송할 수 있는 루트가 새로 생긴다.

그런데 북극항로는 단순한 경제성 이상의 가치 외에 북극항로에 의해서 인류사상 처음으로 북방과 남방이 연결되는 새로운 본래적 의미의 글로벌 물류가 만들어진다는 점이다. 한국 정부가 추진하는 신남방정책과 신북방정책을 잇는 매개가 바로 북극항로이다.

일본은 벌써 우리보다 이 점을 먼저 간파하여 북극-태평양-인도양을 잇는 가스 물류 벨트를 구축하기 시작했다.

일본은 2019년 러시아의 북극 액화천연가스(LNG) 개발 프로젝트인 북극(Arctic) LNG 2 사업에 10% 지분 투자를 결정했고, 북극항로가 본격화될 경우 환적항이 될 극동 아시아의 캄차카항과 유럽 북단의 무르만스크항에 투자를 시작했다.

일본의 사이부가스와 규슈전력(Kyushu Electric Power Co.)은 2018년부터 노바텍사와 캄차카 환적항과 일본의 규슈 지역의 히비키 터미널(Hibiki Terminal)을 연계하는 논의를 해왔으며 히비키 터미널에 LNG 벙커링 사업을 시범적으로 하는 방안도 진행되고 있다.

일본은 동시에 미국, 호주와 연대하여 인도·태평양 에너지 물류 벨트를 구축하는 전략도 추진하고 있다. 2018년 11월에는 미국과 일본, 호주의 주요 정부 당국자들과 금융기관 대표들이 만나 동남아

국가들이 저장탱크, 항만 등 LNG 수입 인프라를 갖출 수 있도록 자금을 지원하자고 합의했다.

일본 정부는 이 사업에 100억 달러(약 11조 원) 규모의 투자를 집행할 계획이다. 일본 정부는 여기에 도쿄 등에 LNG 거래소를 만들어 싱가포르를 대체하는 LNG 거래시장을 구축한다는 계획이다.

이로써 일본은 북극-캄차카-히비키-필리핀-아세안-인도로 이어지는 거대한 글로벌 LNG 체인을 구축하고 있다. 새로운 물류를 장악하기 위한 경쟁이 에너지 부문에서부터 이미 본격화되고 있는 것이다.

중국 또한 북극항로에 엄청난 투자를 진행하며 마치 북극항로를 자국의 내해로 만들려는 야심을 드러내고 있다.

한국이 서두르지 않으면 단군 이래 처음으로 온 글로벌 물류를 선도할 수 있는 기회를 놓치게 될 것이다. (2022.2.22)

한류와 4차 산업혁명(5)

우크라이나에서 벌어지고 있는 전쟁이 하루 속히 끝나고 평화가 찾아오기를 간절히 바란다. 박상진 교수가 지난 두 달여 동안 총 5회에 걸쳐 이야기 하고 있는 러시아는 지정학적 위치에 따른 전략적 상대국으로서의 러시아이다. 현재 우크라이나에서 벌어지고 있는 전쟁의 당사국을 이야기하는 것이 아님을 밝힌다. (편집자 주)[1]

4차 산업혁명의 성공은 곧 지식기반사회의 선진국 대한민국의 모습이다. 그런 자랑스런 대한민국의 행복과 영광은 한류를 지속 가능하게 할 것이며 이 때 비로소 대한민국의 위상이 세계 속의 1류 국가로 우뚝 솟을 것이다.

그 첫걸음은 바로 한-중-일의 연횡과 한-미-러의 합종 간의 견제와 균형을 가능하게 할 전략적 대결단이다. 북극항로와 4차 산업혁명을 관통하여 대한민국의 미래를 담보할 "한국과 러시아의 전략적

---

1) '한류와 4차 산업혁명'의 항목을 연재하는 과정에 푸틴의 러시아가 우크라이나를 침공하였다. 이 때 국악신문에서 '편집자 주'를 달은 것임.

제휴(strategic alliance)"가 바로 그것이다.[2]

다행히 지정학적 리스크로 인해 러시아는 내심 중국이나 일본보다는 한국을 선호한다. 게다가 북극항로를 통과하기 위한 쇄빙선 등 특수선박 건조 기술을 세계에서 유일하게 가진 한국과의 협력은 이미 진행되고 있다.

1차 북극 야말 가스전 개발을 위해 러시아는 대우조선해양에 특수 LNG 쇄빙선 15척을 주문한 바 있다. 나아가 우리의 조선 기술을 전수 받고 공동생산 체제를 갖출 것을 제안하고 있다.

이 기회에 한국은 소형원자로 선박, 무인자율주행선박, 북극항로 모니터링용 드론 등 4차 산업혁명 기술을 개발할 수 있는 테스트베

유라시아 큰길(그래픽/원유철 의원실)

2) 김태유·이대식 엮음, '앞의 책' 참조 인용, 김태유의 글을 전적으로 인용 및 참조.

드를 확보할 수 있게 된다.[3]

4차 산업혁명의 초기에 새로운 물류가 한국에 열리고 있다는 것은 경제적 강대국이 될 수 있는 두 가지 조건, 즉 '물류'와 '기술'을 함께 개발할 기회가 열리고 있는 셈이다.

이것은 두 번째 물류인 '데이터 유통'과도 긴밀하게 연결되어 있다. 중국의 마윈은 제2의 석유가 데이터라고 했다. 데이터 물류를 장악하기 위한 최고의 원천 기술은 결국 수학이다.

러시아는 이 부문에서 세계 최고의 수준이다. 러시아의 인재들은 이를 바탕으로 세계적인 수준의 창의적인 알고리즘을 만들어내며 AI 등 4차 산업혁명의 주요 기술 부문에서 수많은 스타트업을 양산하고 있다.

구글, 페이스북 등 글로벌 IT 기업들의 단골 M&A 대상이 되고 있다. 마치 이스라엘 창업단지에 설립된 글로벌 기업의 연구소들이 실상은 이스라엘 스타트업을 인수하기 위한 에이전시 역할을 하듯이 모스크바에도 러시아 인재들과 스타트업을 확보하기 위한 글로벌 기업의 연구소들이 증가하고 있다.

삼성 등 한국의 대기업들도 예외가 아니다. 러시아 정부는 이 부문에서도 빠르게 성장한 한국 기업의 노하우를 전수받기를 원하고 있다.

---

3) 김태유·이대식 엮음, '앞의 책' 참조 인용, 김태유의 글을 전적으로 인용 및 참조.

물류와 기술에서 한국과 러시아의 협력은 러시아의 다민족성과 개방성, 그리고 한국인에 대한 우호적인 태도, 한국에 대한 지경학 (地境學)적 친화성에 의해 더욱 촉진될 수 있다. 한국은 글로벌 물류와 기술의 허브가 되기 위해 러시아를 비롯한 수많은 기업과 인재들이 자유롭게 드나들 수 있는 개방형 플랫폼을 만들어야 한다.

즉 새로운 물류 장악력과 함께 기술력을 강화시키기 위해서 제3의 상호 협력적인 개방형 플랫폼이 한러 양국에 마련되어야 한다.

다행히도 양국의 기업과 정부도 이를 원하고 이를 위한 공조 정책을 추진하고 있다. 2019년에 양국이 만든 한러혁신센터는 그 대표적인 사례라고 할 수 있다.

새로운 물류와 새로운 기술을 양국의 상호 협력적 개방형 플랫폼을 통해 확보한다면 상호 윈윈함과 동시에 한국은 유사 이래로 처음으로 세계 경제의 새로운 패권국으로 부상할 수 있다. 여기에 러시아가 제공하는 막강한 에너지원은 거절할 수 없는 덤이다.

4차 산업혁명이 진행됨에 따라 급증할 전력 수요를 충당할 수 있는 대규모 수력발전(연간 생산량은 2017년 기준 187TWh, 설비용량 100MW이상, 발전소 102개소 보유, 세계5위)와 천연가스라는 청정 발전원을 가스관과 선박을 통해 안정적으로 공급할 수 있는 곳도 지척에 있는 러시아이다.

또한 미중 경쟁이 한국에 양자 선택의 문제로 치환되지 않도록 하기 위해서는 그 사이에 있는 중간국 간의 협력 또한 매우 중요하다. 러시아는 미국에도 중국에도 필요한 중간 강국이다.

트럼프 집권 전후에 키신저가 미국과 러시아 간의 관계 개선을 시도한 것은 바로 중국을 견제하기 위한 가장 효과적인 수단이 러시아였기 때문이다.

중국에는 경제적으로 미국에는 안보적으로 의존하고 있는 한국도 중간국의 위상을 오히려 적극적으로 활용해야 한다. 이 때 가장 적합한 파트너가 바로 러시아이다.

러시아와의 전략적 협력이 북극항로와 4차 산업혁명이 주는 천재일우의 기회를 한국이 100% 활용할 수 있는 관건임에 틀림없다.

한반도에 들이닥치고 있는 미중 갈등의 대격변에서 한국이 수동적인 희생양이 아니라 판도를 이끌고 가는 능동적 중개자, 나아가 새로운 판을 만들어가는 패권국으로 탈바꿈하기 위해서 한국과 러시아의 협력관계를 전면적인 전략적 동반자 관계로 격상시킬 필요가 있다.

따라서 이 시점에서 한국과 러시아가 외교, 물류, 에너지, 기술, 그리고 인적 교류 등 다양한 차원에서 훌륭한 동반자가 될 가능성이 있다는 점을 명확히 짚고 넘어갈 필요가 있다고 보는 것이다.

"박상진의 한류 이야기"는 문화와 문명사적 테두리 안에서 정치, 경제, 사회, 그리고 문화를 들여다보며, 한류 문화가 미래를 향해 지속적으로 발전하기를 염원하는 의미에서 '한류와 4차 산업혁명'의 내용을 소개한 것이다. '한류와 4차 산업혁명'의 내용은 김태유 교수님과 이대식님의 저서에서 큰 영감을 얻었다. 두 분께 감사드린다.

'한류와 4차 산업혁명(5)'를 집필하는 동안에 푸틴의 러시아군이 우크라이나를 침공하였다. 전쟁은 무조건 반대한다. 전쟁이 멈추고 우크라이나에 평화가 찾아오기를 기원한다. (2022.3.8)

제3장

K-POP 이야기-
K-POP의 원형자산은 국악

귤이 탱자가 되는 사회

"박상진의 한류 이야기"는 문화와 문명사적 테두리 안에서 정치, 경제, 사회, 그리고 문화를 들여다보며 한류 문화가 미래를 향해 지속적으로 발전하기를 염원하는데 그 의미를 담고 있다. 지난 항목에서 총 5회에 걸쳐 이야기 하고 있는 '한류와 4차 산업혁명'에서의 러시아는 지정학적 위치에 따른 전략적 상대국으로서의 러시아이다.

그런데 세계는 지금 러시아의 우크라이나 침공을 통해서 세계질서의 새로운 개편에 대한 촉각을 곤두세우게 되었다. 특히 한반도를 둘러싼 4강간의 관계, 미국, 중국, 일본, 러시아, 그리고 한국과 북한 간의 미묘한 정세와 판세의 변화가 어떻게 나타날지 궁금해진다. 이럴 때일수록 한류 문화가 미래를 향해 지속적으로 발전할 수 있도록 창조적 '전략적 사고'를 통한 정치, 경제, 사회, 문화 등의 발전을 적극적으로 모색할 때라고 생각한다.

우리는 이제야 황무지 같았던 문화의 텃밭에 씨앗을 뿌리고 움을

틔워서 문화의 네 기둥을 세우고 생명이 숨 쉬는 문화의 전당이 만들어지기 시작하였다.[1]

한국인에게는 '궁즉통(窮則通)', 즉 궁하면 통할 때가 많았다. 궁즉통은 몇 천 년간 강대국 사이에서 견뎌온 한국인의 창조력이자 돌파력이었다. 위기의식이 있어야 살길을 찾았다. 꼭 닥쳐야만 뭔가를 하였다. 그렇다 보니 최근에도 1년, 2년, 한 달 전에 계획한 결과물이 대부분 비슷한 경우가 많았다.

보통 작곡, 그리고 글쓰기도 마감이 닥쳐야만 써진다고 한다. 하지만 그러면 안 된다는 것이다. 다 쓴 치약을 쥐어짜듯 하면 안 된다는 것이다. 창조는 천재적인 것이 아니기 때문이다.

미리 대비하고 분석하다 보면 남이 생각하지 못하는 것이 나온다. 한국인은 '위기는 기회다'를 진리처럼 삼고 위기의 고비마다 마치 위기가 닥쳐야 기회를 얻는 것처럼 늘 그렇게 극복해 왔다. '한국인은 위기에 강하다'는 말도 그래서 나왔을 것이다.

우리는 이 전제 자체를 원점에서 다시 생각해 봐야 할 것이다. 위기를 극복하겠다고 생각하기에 앞서 위기를 만들지 않도록 미리 대비해야 한다. 한 명의 창조적인 사람을 따돌림 당하도록 하지 않는 것은 물론, 창조적인 세력이 많이 만들어지고 서로 네트워크를 맺고 교류를 해서 결과물을 끌어낼 수 있도록 하는 정치·사회문화적 환경이 만들어져야 할 것이다.

'귤이 탱자가 되는 사회'라는 말이 있다. 창조적 예술가가 싹틀 수

---

1) 김민희, '앞의 책', 247쪽, 249쪽, 280쪽 인용 참조

없는 국내의 풍토를 지적한 말이다. 그러나 한국의 예술가는 비록 국내에서 탱자 취급을 받는다 하드래도 외국에 나가면 귤이 된다고 하는데 우리 스스로 탱자 취급을 한 것은 아닌지 모르겠다. 우리는 이미 우리나라 고유의 뛰어난 문화적 잠재력을 가지고 있는데도 말이다.

이 쯤 해서 한류 중 K-POP에 대해서 이야기를 하려고 한다. 지난 시간에 예고한대로 싸이의 강남스타일은 어떻게 세계 최고의 K-POP이 되었는가에 대하여 살펴보고자 한다.

2013년 3월 26일에 필자가 KBS 9시 뉴스에 보도되었다. 그 당시 K-Pop으로 세계인들을 들썩이게 했던 싸이의 〈강남스타일〉은 "국악 장단 중 '휘모리장단'으로 작곡되어진 곡이다"라고 주장했더니 뉴스에 보도가 된 것이다. 필자와 KBS와의 인터뷰 내용은, 〈강남스타일〉을 작곡한 싸이는 애초에 〈강남스타일〉을 작곡할 때 '휘모리장단'을 염두에 두고 작곡한 것은 아니다. 작곡해 놓고 보니까 '휘모리장단'이 된 것이다. 아마 작곡자 본인은 아직도 〈강남스타일〉이 국악 장단 중 '휘모리 장단'인지 모를 것이다 라는 내용이었다.[2]

그 후 싸이도 필자가 출연한 국악방송의 한류 관련 프로그램을 통해서 〈강남스타일〉이 휘모리 장단으로 작곡되어 졌다는 사실을 알게 되었다. 국악인들도 관심을 두지 않으면 지나치기 쉽다.

한국인(한민족)들에게는 고유의 전통문화적 DNA를 갖고 있기 때문에 〈강남스타일〉 경우도 전통을 바탕으로 한 곡이 만들어진 것이라고 생각한다. (2022.3.22)

---

2) 박상진, 「한류콘텐츠를 위한 정책방향 연구」 인용 참조, 뉴시스 보도, 2013

싸이의 〈강남 스타일〉, 흥과 끼의 창작물

한류를 형성하고 있는 문화적 요소는 보편성과 독창성이다. 한국인의 장끼인 창의성과 끼가 한류를 창조하고 있는 것이다.

그렇다면 소위 한류의 DNA라고 하는 한국인의 문화적·예술적 역량은 어떤 근원에서 비롯되었을까? 동양미학의 핵심이라고 할 수 있는 논어의 내용 중 '화이부동(和而不同)과 위이불범(違而不犯)'에 대해 비교 설명을 함으로써 한국인의 문화적 성향을 파악해 보고자 한다.

'화이부동'은 '절제의 미(美)'라고 하며 예(禮)에 해당하고 국악에서는 정악(正樂)에 해당한다. '위이불범'은 '자유의 미'라고 하며 악(樂)에 해당하고 국악에서는 민속악에 해당한다고 볼 수 있다.

'화이부동'은 지나치지 않게 자신을 드러내지 않는 화합형이다. 상대를 존중하고 이해하고 양보하니 하모니가 잘 이루어진다. 그러니

매뉴얼을 만들고 잘 지킨다. 산업화 시대에 적합한 민족이라고 할까, 아마 일본이 여기에 해당되는 민족이 아닌가 생각한다.

'위이불범'은 자신을 드러내기를 좋아한다. 지나치지 않게 창의적이고 끼가 많다. 그러니 돌출형들이 많다. 자기 주장이 강하다. 매뉴얼보다는 순간순간 창의성과 임기응변 즉흥성에 능하다. 디지털 시대에 적합한 민족이라고 할까, 한국(한민족)이 여기에 해당되는 민족일 것이다. 여기서 '화이부동'은 보편성이라고 할 수 있고 '위이불범'은 독창성이라고 말할 수 있다.

20세기 중반까지는 세계에서 일본문화가 동양의 문화대표 격으로 행세를 하였다. 동양에는 일본문화만 존재하는 듯이 보였다. 그리고 일본 문화는 고급문화라는 등식으로 인식되었다. 한국문화는 중국과 일본에 가려져 보이지도 않았다. 오히려 한국문화는 중국문화의 아류라고 보는 시각도 있다. 사실 한국은 선진 일본문화를 따라 흉내내기에 급급하기도 했다. 그러나 여기까지다.

20세기 중반 이후 거대한 '한류'가 형성되기 시작하였다. 우리 민족의 원조인 동이(東夷)민족이 동양문화의 원형(原型)을 창조했듯이, 실크로드를 따라 중앙아시아를 넘어 유럽에까지 우리 문화가 넘실댔듯이 새로운 한류의 실크로드가 형성되고 있는 것이다.

〈화이부동(和而不同)과 위이불범(違而不犯)〉 중 한국인들에게는 이 두 가지 사상이 모두 포함된다고 볼 수 있는데 아마도 4 대 6 정도가 아닐까 생각한다. 우리 민족은 '위이불범'에 가까운 민족으로서 창의적이고 끼가 많다.

일본인은 '위이불범'보다는 '화이부동'에 가까운 민족으로서 창의적이기 보다는 다른 나라의 문화를 모방하여 자기의 문화로 탈바꿈시키는데 능한 소위 모방문화를 형성하고 있다.

일본은 관료주의가 발달하고 국가통치의 수단으로 모든 분야에 전자회로와 같은 매뉴얼을 만들어 국민들이 지킬 수 있도록 철저히 관리한다. 비상시국을 염려한 우려의 목소리도 있었지만 일본국민 특유의 근면성으로 지금까지 잘 지켜져 왔다고 본다. 그러나 후쿠시마 원전 사고 등 일련의 비상사태를 목격한 우리는 그들의 창의적이지 못한 매뉴얼 국가 이미지를 확인하게 된다.

한국은 드라마 '대장금' 등이 일본과 중국을 거쳐 동남아에서 인기를 끌면서 "이것은 한류다"라는 용어가 중국에서 처음 등장하였다. 10여 년 전 중국 최고의 인민대회에서는 우리나라 드라마인 김수현, 전지현 주연의 '별에서 온 그대'를 거론하면서 중국에서는 이런 드라마를 왜 못 만드느냐고 자탄을 했다는 뉴스를 본적이 있다.

K드라마, K팝 등이 세계를 요동치고 있다. 이런 현상에 대해 국민들도 놀라고 정부도 한류에 대한 관심을 기울일 정도가 되었다. 그렇다면 싸이의 강남스타일과 같은 K팝 등의 현상이 지속될 수 있을 것인가?

일제강점기와 한국전쟁의 아픔을 겪으면서 황폐해진 환경 속에서도 우리 대중음악 문화는 꾸준히 발전하였다. 1920년대와 1930년대에 우리나라의 전통음악과 대중음악의 영향으로 정립된 엔카는, 다시 60년대 70년대를 거치면서 우리나라 트로트 음악계와 서로 영향을 주고 받으면서 전통가요의 장르로 발전하였고, 80년대 90년대 서양의 팝문화를 받아들이면서 우리 대중문화는 일렉트로닉 팝 문화의 장르까지 발전하여 왔다.

이러한 문화들을 섭렵하고 축적된 바탕에서 창의적 콘텐츠 개발로써의 산물이 바로 K팝이다. 그러한 음악들이 바로 싸이의 〈강남스타일〉 등이다. 싸이의 〈강남스타일〉은 정부의 지원금 받고 제작한 음악이 아니다. 제작해 놓고 보니까 세계 최고의 K팝 음악이 된 것이다. 물론 글로벌 네트워크의 지원도 있었지만 이 또한 민간 이벤트 업체의 역량 덕분이다. "하던 장난도 명석 깔아주면 안 한다"라는 한국의 속담이 있다.

예산 지원금 주면서 콘텐츠를 강요하고 간섭하게 되면 남의 작품 흉내만 내며 낭비만 초래할 수도 있다. 무엇보다도 한국의 전통적 문화역량을 발휘할 수 있는 토대와 환경을 구축하는 것이 급선무일 것이다. (2022.4.5)

문화의 의미는 홍익인간 사상

강남스타일을 이야기하기 전에 문화기본법에 대한 이야기를 먼저 해보겠다.

2014년 정기국회에서 2013년 7월 교육문화체육관광위 법안심 사소위를 통과한 〈문화기본법〉 등 9개의 법안을 통과시켰다. 이날 처리한 모든 법이 나름대로 의미있는 것이었으나 그 중의 으뜸은 당 연 〈문화기본법〉이다.

이 〈문화기본법〉이 최종 통과됨으로써 우리나라 문화정책 흐름 중 아주 큰 흐름을 맞이하게 되었다. 왜냐하면 80년대까지만 하더라 도 문화는 국가 경영에 주요 영역이 아니었기 때문이다. 단지 소극적 관리와 지원의 대상일 뿐이었다.

그러다 1990년 문화부 설치를 기점으로 문화정책이 국가 경영의 주요 영역으로 진입하기 시작하였다. 특히 문화복지 개념의 탄생 그리고 문화산업이 팽창되면서 문화정책의 영역은 대폭 확대되기 시작하였다. 그러나 아직까지 문화정책의 대상은 예술 창작자에 대한 지원이거나 산업생산자에 대한 지원이었다.

문화에 대한 대상은 좁은 의미에서 예술 혹은 인접 분야에 국한되었다. 그리하여 문화의 수용자이며 당사자인 국민은 국가의 관심 영역 밖에 있었다. 문화기본법이 제정됨으로써 그 정책적 대상이 완전히 뒤바뀌게 된 것이다.

이 문화기본법은 문화에 대한 정의조차 "삶의 총체적인 양식이면서 인간의 고유한 정신적·물질적·지적·정신적 산물"로 규정할 뿐만 아니라 "한 사회의 개인과 집단의 감성을 표현하는 가치, 활동이나 제도"까지로 확대 적용하고 있다. 과거 문화예술진흥법에 기록된 문화예술에 대한 정의, 즉 "문화예술이라 함은 문학, 미술, 음악 등을 말한다."와 전적으로 다른 인식을 갖고 있는 것이다.

문화예술의 창작자 지원이 아닌, 국민의 문화적 권리에 더 큰 방점을 두고 정책방향을 추진하게 되는 것이라고 볼 수 있다. 문화융성의 시대에 대비한 〈문화기본법〉이라고 여겨져 기대되는 바가 크다 하겠다.

한마디로 문화(文化)의 의미는 "사람답게 살게 하는 것이다", "문화로 사람을 널리 이롭게" 하자는 홍인인간의 사상이다. 그 사상이 문화의 개념이라고 할 수 있을 것이다.

지난 항목에서 얘기했듯이 〈강남스타일〉은 국악의 '휘모리장단'

으로 작곡되어졌다. '작곡되어졌다'라는 말은 작곡자가 의도하여 작곡한 것이 아니라는 뜻이다. 작곡하여 놓고 보니 '휘모리장단'으로 작곡되어졌다는 뜻이다. 휘모리장단은 4/4박자의 국악 장단 중 가장 빠른 장단이다.

흔히 4/4박자로써 빠른 템포의 음악이면 '휘모리장단'이라고 할 수 있는 것 아니냐 라고 하는 사람들이 있다. 물론 맞는 말일 수도 있지만 그러나 곡목으로써의 '휘모리장단'을 이야기할 때는 그 곡목을 구성하는 장단 중에 '휘모리장단'의 기본장단과 다양한 변형장단이 곡 전체에 골고루 나타나 있어야 한다. "아버지 가방에 들어가신다." 와 같은 리듬으로 구성되어서는 안 된다.

다시 말하면 영어의 어법과 한글의 어법은 어순이 전혀 다르다. 작곡자는 그 어순의 어법에 따라 가사에 리듬을 붙인다. 영어의 가사에 리듬을 잘못 붙이면 '아버지 가방에 들어가신다'의 꼴이 되는 것이다. 당연히 한글 가사에 한국 사람이 리듬을 붙이면 '아버지가 방에 들어가신다'로 국악의 장단이 성립되는 것이다.

'아버지가 방에 들어가신다'는 한 장단이고, '아버지가' '방에' '들어가신다'는 한 장단 안에 구성된 각각의 리듬에 해당된다고 보면 될 것이다. 휘모리장단은 '휘몰아친다'라는 뜻으로 빠른 장단인데, 한마디에 4/4박자, 또는 두 마디에 2/2박자로 기보한다.

한마디로 리듬과 가사가 잘 조화된 음악으로서 음악어법에 부합된 음악이어야 한다. (2022.4.19)

국악 퓨전음악과 〈강남스타일〉의 차이

　필자는 서울시국악관현악단을 인솔하고 터키에서 공연을 한 적이 있는데, 야외무대의 공연을 약 3000명 정도가 관람을 했다. 서울시국악관현악단이 1부 공연을 50분 정도하고, 2부에는 우리 전통무용단이 약 50분 정도 공연을 했다. 그리고 3부에는 소녀시대와 같은 국악의 걸그룹이 국악기와 바이올린 등 서양악기가 혼합된 소위 퓨전음악을 연주했다.

　그런데 이때 사람들이 대부분 자리에서 일어나 가는 것을 보았다. 왜 가느냐고 물었더니 저런 퓨전은 우리가 더 잘하기 때문에 볼 것이 없다는 것이었다. 그러면서 엄지손가락을 치켜 올리며 "한국의 전통음악 아름답고 최고다"였다.

　이 상황을 통해서 나는 많은 시사점을 느꼈다. 국악 공연에서의 퓨전은 국내에서 국악을 대중화하는 데 있어서 효과적일지 모르나,

특히 서양악기와 국악기가 혼합된 공연은 세계 무대에서는 통하기 어렵다는 것이다(물론 실험적 공연은 제외하고 말이다). 반면, 싸이의 강남스타일은 대중음악의 틀 안에 국악적 요소가 들어있다.

2013년 10월 23일 싸이의 〈강남스타일〉이 유튜브 조회수 18억 뷰(현재는 44억뷰 이상을 돌파하였지만)를 돌파했다. 지난 2013년 7월 15일이 싸이의 〈강남스타일〉이 발매된 지 1년이 되는 날이었는데, 2013년 4월 13일 발표된 〈젠틀맨〉도 그 때 5억6천만 건 이상이 조회되었다. 두 곡의 조회 수를 합하면 23억 건을 훌쩍 넘어서는 것이다.[1]

사실 그 무렵 유튜브 최다 조회수 1위였던 최고의 가수가 있었다. 다 아시는 바와 같이 '저스틴 비버'이다. 저스틴 비버의 〈베이비〉가 8억뷰의 조회수를 기록했는데 8억뷰의 조회수를 기록하기까지 무려 33개월의 시간이 걸렸다. 3개월이 부족한 3년이 걸린 셈이다.

저스틴 비버와 비교하면 싸이는 1년 3개월 만에 달성한 것이다. 거기다가 18억뷰 이상이니까, 그야말로 경이로운 기록이라고 할 수 있다.

이쯤 되면 세계적인 가수라는 표현도 좀 부족한 것 같고 메가울트라 슈퍼스타라고 당당하게 불러도 좋을 것 같다. 또 아시아는 물론이고 미국과 유럽, 남미, 아프리카 대륙까지 〈강남스타일〉의 열풍이 거세게 불어 닥쳤었다.

---

1) 박상진, '앞의 논문' 인용 참조

싸이는 미국 뉴욕에서 열리는 '유튜브 뮤직 어워즈'에서 3개 부문인 '올해(2013년)의 뮤직비디오', '올해의 아티스트', '유튜브 트랜드' 후보에 이름이 오르기도 했다. 시골 아저씨같이 생긴 사람이 말이다.

2012년에는 세계적으로 싸이의 해라고 해도 과언이 아닐 정도였다. 미국 최고의 팝스타인 브리트니 스피어스라든가 케이티 페리가 말춤을 배우겠다고 했다. 그리고 〈CNN〉, 〈월스트리트 저널〉 등 해외 언론들이 싸이와 관련한 기사를 연일 보도했다.

〈강남스타일〉에서 '휘모리장단'이 어느 정도 사용되었는지 다음 항목의 악보를 통해 살펴보기로 한다. 악보 중 장단의 구음을 따라 해 보기 바란다. "덩 따따 쿵쿵 따따". 상세한 분석은 '사물광대'의 리더 신찬선 박사(음악학, 동국대 겸임교수)의 도움을 받았음을 밝힌다. (2022.5.3)

〈강남스타일〉은 휘모리장단으로 작곡

　이번 항목에서는 〈강남스타일〉을 분석[1] 하고자 한다. 〈강남스타일〉은 20줄의 악보에 도돌이표, 1번 괄호, 2번 괄호, 달세뇨, 코다 등을 합쳐서 총 168마디를 연주한다.

　악보를 유심히 살펴보면 기본장단, 변형장단, 부정8박 장단, 기본장단보다 두배 빠른 장단 등으로 구성되어졌다. 노래를 틀어놓고 장단구음으로 부르면서 휘모리장단을 느껴보기 바란다. (2022.5.17)

---

1) 박상진, 「한류 콘텐츠를 위한 정책방향 연구」 참조 인용, 2013

강남 스타일

싸이(Pay) 작사
싸이(Pay), 유건형 작곡
싸이 노래

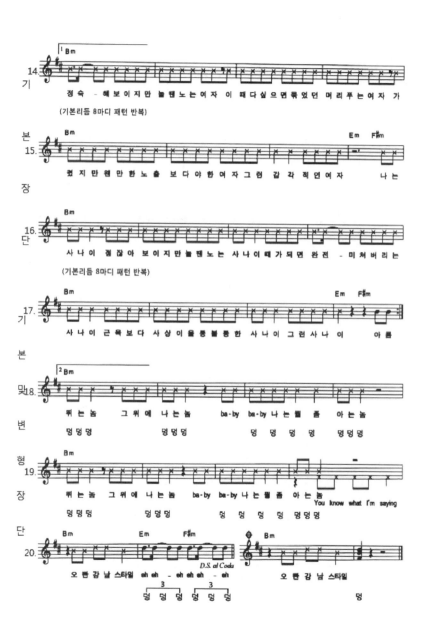

국악은 영양가 높은 한류음악의 원형자산

싸이의 〈강남스타일〉의 악보를 제시하였다. 악보에 표기된 사항을 간단히 정리해 보겠다.[1]

앞 항목에서 설명한대로 〈강남스타일〉은 20줄의 악보에 도돌이표, 1번 괄호, 2번 괄호, 달세뇨, 코다 등으로 작곡되어졌는데 총 168마디를 연주한다. 분석한 악보를 자세히 살펴보면 기본장단, 변형장단, 부정8박 장단, 기본 장단보다 두 배 빠른 장단 등으로 구성되어졌다. 부정8박장단은 경기도당굿 장단에 해당한다. 이러한 여러 가지 장단들이 어색하게 들리지 않고 아주 자연스럽게 물 흐르듯이 작곡되어져 연주한다.

〈강남스타일〉의 악보를 옆에 놓고 함께 비교 분석해 보기로 하자.

1) 박상진, '앞의 논문' 참조 인용

(1) 1번과 2번의 첫째 줄과 둘째 줄은 '휘모리장단'의 기본 장단(덩따따 쿵쿵따따, 덩따따 쿵따쿵)을 중심으로 연주한다. (2) 3번부터 6번까지의 셋째 줄부터 여섯째 줄까지는 '휘모리장단'의 변형장단으로 연주한다.(랩부분과 함께 어우러지도록 연주한다. - 부정8박8장단으로 연주한다.) (3) 7번부터 9번까지의 일곱째 줄부터 아홉째 줄까지는 1번의 첫째 줄에서 연주했던 '휘모리 장단'의 기본 장단보다 2배 정도 빠른 템포로 연주한다. (4) 10번과 11번의 열째 줄과 열한째 줄은 2번의 둘째 줄에서 연주했던 휘모리 변형장단인 부정8박 8장단으로 연주한다. (5) 12번과 13번의 열두번째 줄과 열세째 줄의 앞부분 두 마디는 휘모리 두 장단, 그리고 뒷부분 두 마디는 변형장단인 부정8박장단으로 연주한다. (6) 13번부터 16번의 열세번째 줄부터 열여섯번째 줄까지는 '휘모리 장단'의 기본장단으로써 랩의 리듬에 맞춰 연주한다. (7) 17번부터 19번까지의 열일곱번째 줄부터 열아홉번째 줄까지는 가사의 강·약에 맞춰서 연주한다.

〈강남스타일〉은 곡이 시작할 때 '휘모리장단'의 기본장단으로 시작해서 다양한 변형장단으로써 작곡되어진 것을 확인할 수 있었다.

2012년과 2013년은 세계적으로 싸이의 해라고 해도 과언이 아닐 정도였다. 미국 최고의 팝스타인 브리트니 스피어스라든가, 케이티 페리가 말춤을 배우겠다고 했다. 그리고 〈CNN〉, 〈월스트리트 저널〉 등 해외 언론들이 싸이와 관련한 기사를 연일 보도했다.

아마 모두들 그러다 말겠지 했을 것이다. 그런데 미국의 쇼 프로그램인 〈엘렌쇼〉는 싸이가 출연하면서 최고의 시청률을 기록했다.

〈투데이쇼〉에서 라이브 공연도 했고, 이러는 사이에 '강남스타일'은 아이튠스(음원차트)에서 41개국 동시 1위를 차지했으며 빌보드 차트 7주 연속 2위의 기록 등 수많은 차트에서 1위를 휩쓸었다.

17개국에서 50회 가량 공연을 했고, 우리나라 시청광장에 10만 명을 모으는 대기록을 세웠으며 미국과 유럽에서 동시에 최고의 비디오 상을 수상하기도 했다. 오바마 미국 대통령과 구글의 에릭슈미트 회장이 싸이와 밥먹자고 제안하기도 했다고 한다.

엠씨헤머, 마돈나 같은 전설의 팝가수들이 싸이와 함께 공연하며 싸이의 이름을 팔기도 했다. 그리고 2012년 11월 5일에는 프랑스의 파리 에펠탑 광장에서 싸이의 초청행사가 열렸는데 이 때 라스베이가스에 있는 싸이를 위해 주최 측에서는 파리까지 전세기를 동원하기도 했다.

2012년 11월 10일에 로마 포폴로 광장에서는 싸이가 참가하지도 않았는데 플레시몹 행사가 열렸다. 자그마치 3만명이 〈강남스타일〉을 자기네들끼리 음악 틀어놓고 떼창과 떼춤을 보여주었던 것이다. 소름끼치는 광경이 연출되었다고 한다. 싸이는 그야말로 전세계 음악사상 유례없는 기록을 세우고 있었던 것이다.

2022년 5월 29일 새벽에 세계적으로 권위 있는 칸 국제영화제에서 낭보가 날아왔다. '헤어질 결심'으로 박찬욱 감독이 감독상을, '브로커'로 주연배우 송강호가 남우주연상을 받았다. 두 개의 본상 수상은 한국 영화계에 처음 있는 일이다.[2] 이러한 성과는, 그동안 꾸준히 이어져 온 국내 영화계의 노력과 성과를 자양분으로 한 측면이 크다는 점과 풍부한 이야기를 만들어내는 힘에 있다고 전문가들은 주목한다.

그러한 힘이 가능했던 바탕에는 숱한 고난과 역경을 이겨낸 독특한 배경과 역동적인 사회 특성, 국민성(DNA), 그리고 디지털 강국이라는 강점이 자리하고 있다는 분석이다. 수천 년의 역사, 근대의 일제 강점기와 군사독재, 민주화 투쟁 등 굴곡 많은 한국사회의 역사가 스토리를 풍부하게 만들어 준다고 오동진 영화평론가 등은 말한다.

박찬욱 감독은 시상식 후 "한국 관객들이 웬만한 영화에는 만족하지 못한다"며 한국 영화의 배경에는 국내 관객들의 높은 눈높이가 있었다는 견해를 밝혔다. 남우주연상을 받은 송강호는 "끊임없이 도전하고 변화하는 노력이 (한국)문화 콘텐츠에 영향을 끼친 것으로 생각한다"고 했다.

'헤어질 결심'과 '브로커'의 두 수상작을 계기로 한국 감독들이나

---

2) 김정진, '연합뉴스' 기사 참조 인용

배우들이 글로벌 시장의 주류로 편입될 것이며 동시에 외국의 감독들과 배우들의 크로스오버 역할이 앞으로 활발해지리라는 전망을 해본다.

거기에다가 최근 세계적으로 주목 받는 한국의 온라인 동영상 서비스(OTT) 시리즈 등의 작품 원천이 디지털 플랫폼에 기반을 둔 점을 고려하면 한국의 스토리텔링이 가진 발전 가능성은 무궁무진하다는 평가이다.

비교적 영화 작품의 창작 과정은 "지원은 하되 간섭은 하지 않는다"는 김대중 대통령 시절에 정해진 원칙이 잘 지켜지고 있는 장르 중의 하나이다. 특히 정부의 간섭은 거의 받지 않는 것으로 알고 있다. 전통예술계도 공공기관 등의 공정성 등이 의심받지 않을 정도로 확보되어야 하리라고 본다.

그것이 한류의 지속 가능한 조건이며 한류 발전을 위해 창의적 상상력을 마음껏 발휘하도록 환경을 조성하는 데 힘써야 하는 것이 정부의 역할일 것이다. (2022.5.31)

싸이의 〈강남스타일〉과 한류의 조건

    지난 항목에서도 언급하였지만 '싸이 현상'이라는 말은 유엔 미래 포럼(the Millennium Project)에서 '싸이 현상'(Psy Phenomenon)이라고 명명된 것이다. 유엔에서 싸이를 인정한 셈이다. '싸이현상'을 보도한 자료들과 악보를 분석한 결과를 바탕으로 다음과 같이 정리해 본다.[1]

    첫 번째로 SNS 유튜브 등 글로벌 네트워크에 의한 영향을 톡톡히 보고 있다. 또한 글로벌 네트워크를 통한 '싸이의 〈강남스타일〉'은 세계에 새로운 문화 기류를 형성하는 역할을 하고 있다는 것이다. 이 것은 굳이 말하자면 서양중심의 문화에서 아시아중심의 문화로 세계문화의 흐름이 바뀌어지고 있다는 것을 의미한다.

---

1) 박상진, 앞의 논문 참조 인용

한국 사람들의 특징인 창의성과 끼가 K-Pop, K-드라마, K-무비 등의 한류로 표현되고 있는데 그 한류 문화가 세계인들의 가슴을 흔들고 있다. 바로 K-Pop인 〈강남스타일〉의 '독창성'을 엿볼 수 있는 대목이라고 볼 수 있다.

한류의 조건은 이러한 다양한 한국문화의 독창성을 여러 장르에 어떻게 활용하고 융합하느냐에 달려있다. 세계인들이 공감할 수 있는 보편성의 문화를 창조하게 하는 것이다. 이렇게 될 때 한국이 세계 문화의 중심지가 될 수 있지 않을까 하는 생각도 해본다.

왜냐하면 우리 한국 국민의 국민성은 문화적으로 뛰어나고 세계인들의 문화를 포용할 수 있는 문화적 그릇(절제의 미, 자유의 미, 남을 배려하는 마음, 창의성 등)이 엄청 크기 때문이다.

이러한 현상들이 우리나라 경제·문화산업에 시너지 효과가 크게 나타나고 있다는 것이다. 기업 브랜드는 물론이고 국가 브랜드의 이미지가 높아진다. 한 장르에 의해서 국가 브랜드의 가치가 높아지면 자동차 몇 천대를 수출한 효과가 나온다고 한다.

당연히 외국인들이 물건을 구입할 때 한국제품에 더 많은 관심을 기울이게 되기 때문이다. 이러한 것을 바로 '문화의 힘'이라고 한다. 당연히 한류의 경제적 파급효과로 이어진다.

두 번째로는 '아이돌은 곧 K-팝'이다라는 공식을 시골 아저씨 같은 싸이가 깼다. 그 이유 중 하나는 싸이의 창의적인 기발함이다. 기발하고 웃기는 건 유튜브에서 파급력이 크다. 또 하나는 2000년대 후반부터 시작된 '유저 베이스 문화'의 영향이라고 볼 수 있다.

'유저 베이스 문화'라는 것은 유튜브를 보기만 하던 유저들이 영상을 재편집하고 가공하고 다시 확대 재생산해서 파급력을 가속화 시킨다.

그 여파로 싸이의 〈강남스타일〉을 세계인들이 페러디하는 열풍이 일기 시작했다. 우리나라도 홍대스타일, 대구스타일이 페러디 되었다. 그러니까 따라하는 것만으로는 양이 안 차니까 자신들만의 스토리텔링을 하게 되는 것이다. 바로 〈강남스타일〉의 '보편성'을 엿볼 수 있는 부분이다.

세계 공공기관의 캠페인 모티브라든가, 또는 기업이나 정치 집단의 홍보 모티브로도 활용되었다. 이렇게 세계 글로벌 곳곳에서 남녀노소, 지식인, 대중, 그리고 고고한 학자들, 심지어 NASA의 최고 경영진과 우주 공학자들까지도 따라서 춤을 추지 않았는가.

싸이 현상은 SNS 유튜브 등 글로벌 네트워크에 의한 영향을 톡톡히 보고 있기도 하지만 이렇게 세계에 알려진 '싸이의 〈강남스타일〉'은 세계에 새로운 문화 기류를 형성하는 역할을 하고 있다는 것이다.

지금까지는 모든 문화들이 서구에서 동양으로 밀려들어 왔다. 서양 중심 문화가 아시아를 지배했다. 선진화된 문화의 기준은 서양문화를 얼마만큼 많이 받아들이고 또 흉내를 잘 내느냐에 달려 있었다.

그러나 싸이 현상은 이러한 것을 일거에 뒤집어 놓았다. 아시아 문화가 전 세계로 퍼져가는 문화현상을 초래하게 한 것이다. 싸이의 말춤과 기발하고 익살스러운 캐릭터를 서구인들이 즐겨할 수 있었고, 친근한 춤으로 느껴지게 했다.

이러한 현상들은 글로벌화 시대에 문화가 급속하게 하나로 융합되는 현상이라고 할 수 있다. 독창성 있는 문화가 세계의 다양한 문화와 융합되고 협업할 수 있다는 것을 보여주는 아주 좋은 예라고 할 수 있을 것이다.

그러나 세계문화의 기류가 서양중심의 문화에서 동양중심의 문화로 이동한다는 것은 인류문화사적인 거대 담론으로서 '싸이현상'만이 그렇다는 것은 물론 아니다.

그런 의미에서 다음과 같이 몇 가지 의견을 정리하고자 한다.

1) 서양음악은 웅장하고 규모는 커 보인다. 국악은 빈약해 보인다. 그러나 국악은 영양가가 풍부하다. 국악은 한류음악을 채우는 중요한 요소인 것이다. 싸이의 〈강남스타일〉이 이를 잘 보여주고 있다.

2) 〈강남스타일〉과 같이, 다양한 한국문화의 독창성을 여러 장르에 어떻게 활용하고 융합하느냐에 따라서 세계인들이 공감할 수 있는 보편성의 문화를 창조하게 할 수 있다. 왜냐하면 우리 한국 국민의 국민성은 문화적으로 뛰어나고 세계인들의 문화를 포용할 수 있

는 문화적 그릇(절제의 미, 자유의 미, 남을 배려하는 마음, 창의성 등)이 엄청 크기 때문이다.

3) 한류(음악)의 특징은 보편성(서양음악적)과 독창성(국악, 즉 전통문화)이다. 한국인의 장점인 창의성과 끼를 발휘해서 세계인들이 공감하고 우리의 독창적 예술성이 가미된 새로운 콘텐츠를 개발해야할 것이다.

한편, 그 잠재적 기량이 발현되도록 예술문화의 창조적 환경을 어떻게 구축하느냐가 관건이라고 생각한다. 필자는 평소 '행정'이라는 것은 '길'을 만드는 행위라고 주장해 왔다. 정부의 예술문화 행정이 예술가들의 창조적 상상력을 막는 행위가 되어서는 안 될 것이다.

특히 한류 메카의 기관장을 뽑는 공채 과정에서 전문가의 면접에 의해 선발된 적격자를 공무원이 부적격자로 바꿔서 비전문가를 채용하는 불공정하고 월권적 사례가 발생해서는 안 된다. 이런 행위가 반복된다면 지속 가능한 한류의 환경을 정부가 스스로 훼손하는 결과를 초래하는 일이 되기 때문이다. 예술문화 행정이 더욱 공정해야 하는 이유이다. (2022.6.14)

한류의 조건은 온고지신(溫故知新) : 소녀시대와 동살풀이장단

지난 항목까지 싸이의 〈강남스타일〉에 대하여 '싸이의 현상' 및 음악적 분석을 통하여 한류 중 K-POP에 대한 조건을 알아보았다. 그렇다면, 〈강남스타일〉 이외에 다른 K-POP은 어떨까? 소녀시대의 〈I Got A Boy〉를 간단히 살펴보기로 한다.[1]

걸 그룹의 대표 격인 소녀시대가 2013년 11월 3일 날 뉴욕에서 개최된 "제1회 세계 뮤직 비디오 상"을 수상하였다. 유튜브 조회 수는 8000만뷰 정도 밖에 안 되는데 미국 최고의 여가수 레이디 가가를 제치고 아시아 가수로는 최초로 수상한 것이다. 〈I Got A Boy〉로 말이다. 특히 레이디 가가는 미국 최고의 가수이다.

---

[1] 박상진, '앞의 논문' 참조 인용

레이디 가가는 그 당시 세계 최고의 경제전문 잡지인 포브스에서 세계에서 가장 영향력 있는 유명인사 100인에 선정되기도 했다. 그런데 이러한 레이디 가가를 제치고 한국의 걸그룹인 소녀시대가 수상했다는 것 또한 기적같은 일이었던 것이다.

CNN의 웹사이트에서는 소녀시대에 대해 "레이디 가가를 제치고 수상한 소녀시대의 인기는 한국에서는 국민적인 현상"이라고 소개하며 큰 관심을 보였다, 아시아 가수로는 유일한 수상자이기 때문에 더더욱 많은 해외 언론의 관심을 끌었는데, CNN 뿐만 아니라 뉴욕 타임스, 월스트리트저널, USA투데이 등 미국매체와 영국 로이터, BBC, 프랑스 르파리지앵 등 주요 외신들이 소녀시대의 수상 소식을 다뤘다.

특히 USA투데이는 미국 젊은 가수들과 관련해서 관심을 보였는데 "레이디 가가를 제치고 소녀시대가 상을 받았다는 것은 분명히 미국 젊은 가수들에게는 충격적이다"라고 평가했다.

〈I Got A Boy〉는 악보를 분석해 보니 '동살풀이장단'으로 작곡되어졌다. 거기다가 휘모리장단이 추가되어 있다. 동살풀이장단의 부분은 재미있게 휘모리장단의 부분은 신나게 구성되어져 있다.

가사도 영어가사는 "I Got A Boy"를 후렴에서 몇 번 반복하는 것 외에는 모두 한글 가사이다. 한류의 K-POP이 지속적으로 보편성을 갖추려면 가사가 영어여야 한다는 문화평론가들의 주장이 있는데 이러한 주장은 수정되어야 할 것이다.

동살풀이장단은 "떵 떵 떵떵-, 떠더덩 떠더덩 떵떵-"과 같이 4/4 박자 두 개가 모여 한 장단을 이룬다. 이 한 장단에 얹혀진 〈I Got A Boy〉의 가사는 "어 머 애를봐라 애, 무슨일이 있었길래 머릴잘랐대"이다.

이와 같은 한글 가사에 대화하듯이 곡을 붙여 부르다보니 자연스럽게 동살풀이 장단으로 작곡되어진 것이다. 영어의 가사였다면 음악어법상 '아버지 가방에 들어가신다'로 절대로 동살풀이장단으로 작곡되어질 수가 없는 것이다.

이 당시 2013년에는 '엑소'의 〈으르렁(Growl)〉도 빌보드 차트 10위권에 오르는 등 많은 아이돌 그룹들의 활동이 이어지고 있었다.

며칠 전 2022년 5월 19일(현지시각)에는 미국의 스탠퍼드 대학의 '한국학 콘퍼런스'가 열리는 장소에 '엑소'의 리더인 수호가 등장하자 200여명의 팬들이 환호를 질렀다고 한다. 스탠퍼드 대학생들과 미국 텍사스 주변의 팬들이 소문을 듣고 모인 것이다.

지난 20년 동안 한국학을 전공하는 학생들을 중심으로 주로 북핵 관련 토론을 진행하는 콘퍼런스장이 갑자기 팬 미팅장으로 변하는 진풍경이 벌어졌다. 이 날은 '한국학 콘퍼런스' 개설 20주년을 맞는 특별 행사로서 K-POP에 대하여 토론하고 논의하는 프로그램으로 진행하였다.[2]

2) 김성민, '조선일보' 기사 참조, 2023

신기욱 스탠퍼드 대학 교수는 "미국 대중이 한국에 대해 관심을 갖는 것은 북핵과 K-POP 등 딱 두 가지 뿐"이라며 "K-컬처 현상을 본격적으로 토론하고 이를 한국학에 접목하기 위해 K-POP의 성공 요인에 대해 본격적으로 토론하는 것"이라고 하였다.

수호는 이 자리에서 "한류엔 국경이 없다"며 "무대에서만 느끼는 것이 아니라 점차 모든 곳에서 한류를 느끼고 있다"고 말했다. 그는 K-POP 팬덤이 생긴 가장 큰 이유로 커뮤니케이션을 꼽았다. "팬들이 칼군무, 외모 등을 좋아해 주시지만 가장 중요한 것은 팬들과 아티스트의 커뮤니케이션"이라며 "팬과 아티스트가 나뉘어진 것이 아니라 지속 교류하며 하나의 팀이 되는 것"이라고 말하였다.

그는 "K-POP은 예전 것을 취하면서 계속 변하는 것"이라며 "한국의 전통악기나 소리를 K-POP에 접목하는 것도 좋은 아이디어이다. K-POP에는 한계가 없다"고 말했다.

K-POP 그룹 '엑소'의 리더인 수호는, 한류의 조건 중 중요한 요소가 '법고창신(法古創新)', 다시 말해 옛것을 익히고 그것을 통하여 새것을 알거나 창조하는 '온고지신(溫故知新)'이다 라는 것을 말하고 있는 것이다.

혹자들은 한류 즉 세계화는 서양문화에 가깝게 쫓아가는 것으로 착각하는 경향이 있는데 소위 세계화의 진정한 의미는 서양을 닮는 것이 아니다. 우리의 독창성을 살려나가는 것이다. (2022.6.28)

제4장

수학과 한류 이야기
- 융합적 사고의 산물

허준이 교수의 방황했던 학창시절

　이번에는 특별한 내용을 소개하려고 한다. 한국인 수학자가 세계 최고의 필즈상을 한국 최초로 수상하였다고 한다. 필즈상은 어떤 상이며 어떤 공로자에게 주고 지속 가능한 한류와의 연관성 및 예술과의 공통점은 없는지 살펴보고자 한다.[1]

　2022년 7월 6일 각 언론을 통해서 낭보가 보도되었다. 수학계의 노벨상 격인 필즈상을 프린스턴 대 교수 겸 한국고등과학원(KIAS) 수학부 석학교수인 허준이 교수가 수상했다는 것이다. 1936년 제정된 필즈상은 4년마다 수학계에서 뛰어난 업적을 이루고 앞으로도 업적을 성취할 것으로 보이는 40세 미만 수학자에게 주어지는 수학 분야 세계 최고의 상으로 아벨상과 함께 '수학계의 노벨상'으로 불린다.

---

[1] KBS, SBS, 뉴시스, 연합뉴스 등 보도기사 참조.

허 교수는 5일 국제수학연맹(IMU)이 핀란드 헬싱키 알토대학교에서 개최된 시상식에서 필즈상을 수상하였다.

필즈상은 캐나다의 저명한 수학자인 존 찰스 필즈의 이름을 따 1936년부터 시상되었다. 수상자에게는 금메달과 함께 1만5000 캐나다 달러(약 1500만원)의 상금을 준다.

허 교수는 수학계의 오랜 난제였던 '리드 추측(Read's conjecture)'과 '로타 추측(Rota Conjecture)' 등을 해결한 공로를 인정받았다. 특히 서로 연관성이 없어 보이는 대수기하학과 조합론의 방법론을 창의적으로 결합해 문제를 해결한 점이 높은 평가를 받았다.

허 교수가 지난 2012년 해결한 '리드 추측'은 1968년 이후 50여년 간 전 세계 누구도 풀지 못했던 수학계의 난제로 꼽혀 왔다. 그러나 허 교수는 2012년 박사 과정을 이수하고 있던 미국 대학원 시절 50년 가까이 지구상 누구도 풀지 못한 수학계의 난제였던 '리드 추측'을 해결해 스타로 떠올랐다. 리드 추측은 1968년 영국 수학자 로널드 리드가 제시한 조합론 관련 문제이다.

6년 후에는 이를 확장시킨 또 다른 난제인 '로타 추측'에 이어 '메이슨 추측', '다우링-윌슨 추측' 등 10여개의 난제를 풀었다. 이로 인해 2017년 '블라바트니크 젊은 과학자상', 2019년 '뉴호라이즌상' 등 세계적 권위의 과학상을 휩쓸었다.

그의 이러한 연구 업적들은 수학계는 물론 정보통신, 반도체 설계, 교통, 물류, 기계학습, 통계물리 등 여러 응용 분야의 발달에 기여하고 있다고 한다.

그러면서 허 교수의 연구 업적이 향후 어떻게 활용될지에 대해서는 "아인슈타인의 상대성이론도 50~60년이 지나고 나서 현실에 적용되는 등 허 교수 같은 진짜 중요한 연구 결과들은 오늘 내일 바로 응용되는 게 아니라"면서 "필즈상을 받을 정도의 최상층의 업적은 100년 후 정도를 생각해야 한다"라고 수학계는 설명한다.

이쯤해서 허준이 교수의 학창시절에 대해 알아보도록 하겠다.

허준이 교수는 미국에서 태어나 2살 때부터 한국에서 살면서 서울 방일초등학교, 이수중학교, 상문고등학교(중퇴) 등 국내에서 초중고를 나왔다. 이어 검정고시로 서울대에 진학해서 2007년에는 서울대 수리과학부 및 물리천문학부 학사학위를 2009년에는 같은 학교에서 수학과 석사 학위를 받았다.

그의 인생 궤적은 독특하다. 필즈상 수상자 대부분이 어렸을 때부터 천재성으로 두각을 나타낸 것과 달리 허 교수는 어렸을 때 수학 성적이 신통치 않았다고 한다.

초등학교 때 수학 문제집 뒤 페이지에 있는 답지를 베껴 아버지에게 혼난 경험이 있는 등 소위 말하는 '수포자'(수학 포기자)라고 할 정도로 수학에 대한 관심은 적었다는 것이다.

자신의 수학적 재능을 몰라 시인, 과학기자 등 다른 진로를 고민하며 방황하기도 했다. 실제 고등학교 때 시인이 되고 싶어 자퇴한 일화는 유명하다.

허 교수는 "(초등학교와 중학교) 학창 시절 과목 중 하나인 수학에는 이런저런 이유로 정을 못 붙였지만 게임 퍼즐 등 논리적 사고력을 요하는 종류의 문제에는 자연스럽게 끌렸다"고 설명했다.

그는 "어렸을 때 수학에 흥미가 있었지만 가장 열정이 많았던 분야는 글쓰기였고 그중에서도 시를 쓰는 삶을 살고 싶었다"며 "타고난 글쓰기 실력으로는 어림도 없어 무엇을 하면 현실적으로 가능하고 적당히 만족하며 살 수 있을까를 생각했다"고 말했다.

그는 "과학이 재밌어 과학저널리스트를 할 수 있지 않을까 해 (학부를) 그에 적합하다고 생각하는 물리·천문학과에 진학했다"며 "대학교 3, 4학년에 진로에 대해 심각하게 고민하고 학업을 쉬다가 우연한 기회에 수학 수업을 들으며 수학의 매력을 처음 느꼈다"고 말했다. 허 교수는 대학시절 우울증 때문에 12학기 이상 다녔고, D와 F학점도 많았다고 한다.

한국에서의 유년시절과 학창시절을 보낸 허준이 교수는 우리나라 대부분의 평범한 학생들과 크게 다르지 않았고 오히려 공통점이 많았다. 특히 자신의 재능을 미리 발견하지 못해서 진로 또는 전공분야를 정하지 못하고 방황하던 학창시절의 예술 전공 학생들을 보는 듯했다. (2022.7.12)

시인을 꿈꾸던 험난한 수학자의 여정

한국인 최초로 세계 최고의 필즈상을 수상한 허준이 교수의 이야기를 이어가겠다. 허준이 교수의 방황했던 학창시절이 주는 의미와 예술과의 연관성, 그리고 수학자의 길로 들어서게 된 과정에 대해서 살펴보고자 한다.[1]

허 교수는 이날 수상 소감에 대해 "제게 수학은 개인적으로는 저 자신의 편견과 한계를 이해해가는 과정이고, 좀 더 일반적으로는 인간이라는 종이 어떤 방식으로 생각하고 또 얼마나 깊게 생각할 수 있는지 궁금해 하는 일입니다"라고 하면서 "저 스스로 즐거워서 하는 일에 의미 있는 상도 받으니 깊은 감사함을 느낀다"라고 말했다.

허 교수는 자신이 "한국에서만 교육을 받아본" 국내파라고 소개하면서 "개인적으로 따뜻하고 만족스러운 유년 생활을 했다"고 회고

---

1) KBS, SBS, MBC, 연합뉴스, 뉴시스 등 보도기사 참조 인용

했다. 그는 초·중·고교 과정과 대학 학부(서울대 물리천문학과), 대학원 석사과정(서울대 수학과)을 모두 한국에서 마친 후 박사과정을 미국에서 밟았다.

허 교수는 "초·중학교 때 한 반에 40~50명씩 있는 다양한 친구들과 서로를 알아가는 과정이 좋기도 하고 싫기도 했지만 그 때만 할 수 있었던 경험은 지금의 저를 성장시키는 자양분이 됐다"고 회상했다.

그는 고교 수학에 대해 "굉장히 재미있어 했고, 열심히 했고, 충분히 잘 했다"고 밝히면서 "(초등학교와 중학교) 학창 시절의 과목 중 하나인 수학에는 이런저런 이유로 정을 못 붙였지만 게임 퍼즐 등 논리적 사고력을 요하는 종류의 문제에는 자연스럽게 끌렸다"고 설명했다.

그러나 허 교수는 1999년 고교시절에 한국수학교육학회에서 주관한 '한국수학경시대회'에 응시한 적이 있는데 100점 만점에 58점을 받았다. 이 대회에서 상위 10%에 들어가면 본선에 진출하게 되지만 허준이 학생은 성적이 부족해서 예선에서 탈락하게 된다.

이와 같은 상황이 빚어진 이유는 결국 국내 입시제도 하에서의 교육 방식으로는 허준이 같은 학생의 가능성을 측정할 수 없다는 것을 보여주는 것이다.

그는 결국 등단 시인을 꿈꾸며 고교를 자퇴했다. 가장 좋아하는 작가로는 기형도 시인을 꼽았다. 허 교수는 "어릴 적 가장 열정이 있었던 것은 글쓰기였고 그 중 제일 좋아하는 시를 쓰는 삶을 살고 싶었다"고 말하며 고교시절 방황했던 시절을 회고했다.

그렇다면 허교수는 어떻게 수학자의 길을 걷게 되었을까?

허 교수는 고교를 자퇴한 후 검정고시를 거쳐 2002년 서울대 자연과학대에 입학하게 되지만 대부분의 우리 젊은이들이 그렇듯이 허준이 교수도 20대 초반에 진로를 확실히 정하지 못했다. 그러다가 수학자의 길을 걷게 되는 운명적인 허준이의 삶을 맞이하게 되는데, 그 과정을 소개하겠다.

허 교수는 "어렸을 때 수학에 흥미가 있었지만 타고난 글쓰기 실력으로는 어림도 없어 무엇을 하면 현실적으로 가능하고 적당히 만족하며 살 수 있을까를 생각했다"고 말했다.

그는 "과학이 재밌어 과학저널리스트를 할 수 있지 않을까 해서 (학부를) 그에 적합하다고 생각하는 물리천문학과에 진학했다"며 "대학교 3, 4학년에 진로에 대해 심각하게 고민하면서 학업을 쉬기도 했는데 우연한 기회에 수학 수업을 들으며 수학의 매력을 처음 느꼈다"고 말했다.

그 우연한 기회는, 서울대에서 마련한 일본인 히로나카 헤이스케 (91) 하버드대 명예교수의 수학 강의를 수강한 이후 허준이 교수의 삶은 완전히 바뀌기 시작했다. 1970년 필즈상 수상자의 강의 탓인지 수학 전공자들도 거의 포기할 만큼 어려운 내용이었지만 당시 물리학 전공 학부생인 허 교수는 끝까지 들었다.

허 교수는 "비전공자로서 히로나카 교수가 제시하는 예시 몇 가지만 이해해도 충분하다고 생각했다"며 "나중에 혹시 과학 기자가 되면 히로나카 교수를 인터뷰하겠다는 생각도 있었다"고 말할 정도로 이때까지만 해도 수학자의 길은 꿈도 꾸지 않았다.

그러던 어느 날 그는 혼자 식사를 하는 히로나카 교수에게 말을 걸었다고 한다. 이 후 둘은 매일 점심을 같이 먹으며 대수기하학의 특이점 이론에 대해 토론했다. 허 교수는 미국 대학원 박사과정 시절 '리드 추측'을 풀어내는 데는 이 때 쌓은 지적 경험이 결정적이었다고 말한다. 허 교수는 "히로나카 교수는 옛 이론을 가르치지 않고 자신이 지금 연구하는 내용을 소개했다"며 "처음으로 누군가가 실제로 수학을 연구하는 모습을 본 것"이라고 말했다.

허 교수는 일본 교토의 히로나카 교수 집에 머물기도 할 만큼 두 사람은 가까워졌다. 이렇게 스승이 된 히로나카 교수의 권유로 허교수는 서울대 대학원 수학과에 진학하면서 수학을 전공하게 된다. 그리고는 후일 히로나카 교수의 추천으로 미 유학길에도 올라 박사과정을 밟게 된다.

수학 난제를 해결할 때도 히로나카 교수의 특이점 연구가 바탕이 되었다고 허 교수는 말한다. 그럴 정도로 멘토로서의 히로나카 교수의 영향력은 허 교수가 수학자의 길을 선택하는데 있어서 절대적으로 작용한 것이다.

　이렇듯 허준이 교수의 인생 궤적은 독특하다. 필즈상 수상자의 대부분은 어렸을 때부터 천재성으로 두각을 나타냈다고 한다. 그러나 허 교수는 어렸을 때부터 수학 성적이 신통치 않았을 뿐만 아니라 시인이 되겠다고 하며 한 때는 방황하다가 대학원 석사 과정에서 뒤늦게 수학을 전공했기 때문이다. 수학자로서의 길로 들어서기까지 험난한 여정을 엿볼 수 있다. 반면, 예술의 세계와 수학과의 연관성에 대한 궁금증을 자아내기도 한다. (2022.7.26)

필즈 메달의 앞면과 뒷면

시의 언어와 수학의 논리로 예술적 아름다움을

이번 항목에서는 허준이 교수와 우리 교육체계와 관련한 각 계의 의견을 들어보는 시간을 갖도록 하겠다.[1]

수학계에서는 허 교수의 필즈상 수상이 한국 수학계의 위상을 더욱 높였다며 탄성을 자아냈다.

금종해 대한수학회 회장 겸 고등과학원 수학부 교수는 "허 교수 연구의 많은 부분이 고등과학원에서 이루어졌다"며 "허 교수가 수학자 최고 영예인 필즈상을 수상한 것은 올해 2월 1일 국제수학연맹이 한국 수학의 국가등급을 최고등급인 5그룹으로 상향한 데 이은 한국 수학의 쾌거"라고 밝혔다.

국제수학연맹 5그룹 국가는 한국을 비롯해 독일, 러시아, 미국, 브

---

1) KBS, SBS, MBC, 연합뉴스, 뉴시스 등 보도기사 참조 및 인용

라질, 영국, 이스라엘, 이탈리아, 일본, 중국, 캐나다, 프랑스 등 총 12개국이다.

금종해 교수는 "맹자가 이야기한 군자가 누릴 수 있는 세 가지 즐거움 중 하나가 천하의 영재를 얻어 가르치는 것"이라며 "이 즐거움을 누리게 되어 행복할 따름"이라며 축하의 마음을 감추지 못했다.

양성덕 고려대학교 이과대학장(수학과 교수)는 "(한국이) 세계 수학계와 인류 문명의 발전에 한 축을 담당할 수 있다는 것을 전 세계에 당당히 보여준 허준이 교수님에게 진심으로 감사하고 축하한다"며 "최근 들어 우리 젊은이들이 여러 분야에서 전 세계적으로 활약하는 모습을 자주 보게 되는데 이번 필즈상 수상은 그 활약이 학문적 분야에서도 이루어지고 있음을 확인시켜주는 것"이라고 강조했다.

한국과학기술원(KAIST) 수리과학과 교수이자 기초과학연구원(IBS)에서 조합론을 비롯한 이산수학(離散數學)을 연구하는 엄상일 교수는 "2010년 허준이 교수가 박사과정 1년차에 와서 놀라운 연구발표를 하던 때가 엊그제 같은데 그 후에도 좋은 연구로 늘 놀라운 연구결과를 만나게 해주어서 고맙다"며 "조합수학과 대수기하학 사이에서 아름다운 그림을 그리며 새로운 수학 영역을 개척하고 있는 허준이 교수를 응원한다"고 말했다.

명실상부 세계 최고의 수학자로 성장한 것은 천부적 재능과 여러 동인(動因)이 있겠지만 본인과 주변 지인들이 꼽은 중요한 비결은 심리적 안정감, 자유를 중시한 부모님, 사람들과의 협동심 등이 거론된다.

허 교수는 심리적 안정감의 중요성을 반복적으로 강조했다. 입시 위주의 경쟁적이고 압박감을 조장하는 한국 교육 환경에서는 좀처럼 찾아보기 힘든 덕목이다.

그는 여러 인터뷰에서 "부모님이 예측 가능한 일상을 만들어 주셨기에 심리적 안정감을 가졌고 그 덕에 수학처럼 추상적인 기초 학문에 관심을 둘 수 있었다"고 말했다.

또 젊은 수학자들에게 가장 필요한 연구 환경에 대해서도 안정감과 여유를 강조했다.

허 교수는 제2의 허준이가 나오기 위해 한국 교육에 어떤 점이 보완되어야 하고 바뀌어야 할지를 묻는 기자들의 질문에 "젊은 과학자들이 단기적인 목표를 추구하지 않고 마음 편하게 자유롭게 즐거움을 쫓으면서 장기적인 큰 프로젝트를 추진할 수 있을 만한 여유와 안정감 있는 연구 환경이 제공됐으면 좋겠다"라고 답했다.

자유방임에 가까울 정도로 자유를 중시하는 부모의 교육 방식도 관심을 받고 있다.

최재경 한국 고등과학원 원장은 "허 교수가 고등학교 때 적응하는 데 어려움이 있어 자퇴하겠다고 얘기를 하니까 부모님이 허락했다"

면서 "이러한 부모님의 자유 방임주의라고까지 할 수 있는 자유를 중시하는 교육 방식이 결국 허 교수를 성장시키는 데 큰 역할을 했을 것이라 본다"고 말했다. 이어 "그의 자유로운 사고와 행동이 연구할 때 아주 많은 도움을 받았을 것"이라고 분석했다.

허 교수는 특히 시인을 꿈꾸며 고등학교를 자퇴했는데 이런 시에 대한 흥미가 수학 연구와 서로 상승 작용을 일으켰을 것이라고 풀이하기도 했다.

최 원장은 독일의 저명한 수학자 카를 바이어슈트라스(1815.10.31 ~1897.2.19)가 "시인이 아닌 수학자는 진정한 수학자가 아니다"라고 한 말을 인용하며 "시는 간결한 언어를 통해 아름다움을, 수학은 논리를 엮어서 아름다움을 만든다"며 "수학자와 시인 사이를 왔다 갔다 한 인물이 허 교수다"라고 평했다.

시의 언어와 수학적 논리로 예술적 아름다움을 강조함으로써 수학은 융합적 사고의 산물이라는 것을 강조한 것으로 보여진다.

최 원장은 또 빠른 시간 내에 많은 문제를 푸는 능력을 측정하는 한국의 수학시험 방식이 변해야 한다는 점도 환기했다. 이제는 여유 있게 큰 그림을 볼 수 있는 능력을 키워줄 수 있도록 시험 제도를 보강해야 한다는 것이다.

아울러 허 교수는 공동 연구 즉 다른 사람과 함께 협동하는 능력도 자신의 연구 성과의 주요 배경으로 짚었다. 통상 수학자라고 하면 골방에서 혼자 머리를 싸매고 연구하는 모습을 떠올리기 쉬우나 그는 여러 사람들과 적극적으로 협력을 해왔던 것이다.

허 교수는 "현대 수학에 있어서 공동 연구가 굉장히 활발해졌다"면서 "그 이유는 무엇보다 혼자 하는 것보다도 다른 동료들과 함께 생각하는 것이 훨씬 더 효율적이기 때문이다"라고 역설했다. 이와 함께 "멀리 갈 수 있고 깊이 들어갈 수 있다는 장점이 있다"면서 "효용성 측면뿐만 아니라 그러한 과정을 거치는 경험이 수학 연구자에게 큰 즐거움을 준다"고 알렸다. (2022.8.9)

수학은 생각의 힘을 길러주는 교과목,
그런데...

  허준이 교수 관련한 마지막 이야기로서 앞의 항목에서 제시한 여러 가지 문제들에 대해서 정리해 보는 시간을 갖도록 하겠다.[1]

  최근에 초등학생 2,229명에게 수학과 관련한 설문 조사를 하였는데 거기에 참여한 학생 중 36.5%는 "수학이 너무 어려워 공부를 포기했다"고 응답했다. 이 비율은 중학생(2,755명 조사)에서 46.2%, 고교생(2,735명 조사)에서 59.7%로 고학년으로 올라갈수록 그 폭이 증가하였다. 그동안 수학 과목이 어려워졌다는 지적이 꾸준히 있어왔고 '수포자' 문제도 사회문제로 떠올랐지만 구체적인 수치로 현황이 나타난 것은 이번이 처음이다.

---

1) 동아일보 김도연 칼럼, 한세희 과학전문 기자, 수학동아 등 보도기사 참조 및 인용

학생들은 수학을 포기한 가장 큰 이유로 '수학 내용이 어렵다'는 점을 꼽았다. 그 다음은 '배워야 할 양이 너무 많다' '진도가 너무 빠르다' '선생님 설명이 어렵다' 등의 답변이 나왔다.

그렇다면 수학은 도대체 무엇인가, 무엇이길래 우리 학생들에게 외면 받는 존재가 되고 말았는가, 수학은 외면 받을 수밖에 없는 존재인가?

수학은 자연과 인간 세계의 모든 현상을 정밀한 체계 속에서 가장 간결하게 설명하는 학문이다. 피타고라스는 "수(數)가 만물의 근원"이라고 간파했다. 인류가 하나, 둘, 셋을 개념화 하고 이를 1, 2, 3이라는 기호로 나타내기까지 얼마나 긴 시간이 필요했을까. 그리고 더 나아가 예를 들어 '1+1=2'라는 수식들은 인류 문명의 모태가 되었으며 지혜의 결정(結晶)이다.

누구나 학창 시절 때 배우는 피타고라스의 정리, 즉 직각삼각형에서 세 변의 길이가 갖는 관계인 '$a^2+b^2=c^2$'도 세상을 뒤바꾼 방정식이다. 수학자 피타고라스가 2500여 년 전에 오로지 스스로의 호기심을 충족하기 위해 증명한 것이다.

어린 아기에게 있어서 세상사는 모든 것이 신기한 일일 것이다. 궁금증을 풀기 위해 손을 움직여 만져 보고 심지어 혀로 핥아 보기도 하지만, 보통은 성장하면서 그런 호기심은 모두 잊어버리고 만다.

수학자들은 이를 간직하며 성장한 사람들이다. 당시에는 별로 쓸모도 없었을 것들에 대한 정리를 위해 피타고라스는 얼마나 많은 시간과 노력을 투입했을까.

현대사회에서의 피타고라스 정리가 지닌 유용성은 그야말로 엄청나다고 할 수 있다. 위성위치확인시스템(GPS)으로 지상의 거리를 알아낼 때 그의 정리는 필수적이다. 이처럼 수학은 문명 발전에 기여한다. 그러나 다른 어느 자연과학보다도 그 실제적 영향을 체감하기까지는 긴 세월이 필요하다. 허 교수의 연구 업적도 미래에는 인류의 삶을 지배할 수 있을 것이다.

수학은 학생들이 생각의 힘을 기를 수 있는 가장 의미 있는 교과목이다. 불행하게도 우리 학생들에게는 가장 외면 받는 존재가 되고 말았다. 학생들에게 있어서의 수학은 쓸데없는 암기와 지루한 반복학습이 요구되는 짜증나는 과목이 되었다. 급기야 수학을 완전히 포기해 버렸다는 의미의 '수포자'라는 단어가 국어사전에 오를 정도가 된 것이다.

최근의 한 설문 조사대로, 고등학생 세 명 중 한 명은 스스로를 수포자라 이야기할 만큼 우리의 참담한 현실이 되었다.

수학을 이용하는 명징(明徵)한 사고력은 자연 현상만이 아니라 사회를 이해하는 데에도 절대적으로 필요하다. 20세기 가장 빼어난 경제학자 중의 한 사람으로 거시경제학을 정립한 존 케인스는 대학에서 수학을 전공했는데, 그의 대표 저서 중 하나는 '확률론'이다.

우리 고등학교 수학 교과 과정에도 포함돼 있는 확률과 통계는 실생활과 가장 연관이 깊은데, 수능에도 자주 출제되는 만큼 학생들에게는 중요하다고 할 수 있다. 수포자라면 다섯 개 답안 중 하나를 찍어 정답을 맞히는 20%의 확률에 기대를 걸 수밖에 없다. 그런 행운이 몇 개 성공하면 학생들은 이를 수능 대박이라 부른다.

또한 확률론에 있어서 2012년 호암상을 수상한 옥스퍼드대 수학과 김민형 교수는 확률적 사고 혹은 수학적 사고를 통하면 주어진 사회적 현상이나 문제에 대해 편견 없는 답을 얻을 수 있다고 말한다. 예를 들어 지능이 상당히 높은 젊은 여자(남자) 대부분은 자기보다 훨씬 열등한 남자(여자)를 선택해 결혼하는데 그 이유는 무엇일까.

이에 대해 사람들은 지니고 있는 편견에 따라 다양한 답을 제시하지만 사실 그 정답은 단순한 확률에 있다. 즉 지능이 상당히 높은 배우자보다 그 배우자가 열등할 것은 확률적으로 당연하다는 사실이다.

이번에 필즈상을 받은 허 교수는 "수학 연구는 스스로 즐거워서 하는 일이다. 자신의 편견과 한계를 이해하고 이를 돌파하는 과정이다. 인간이 얼마나 깊게 생각할 수 있고 또 얼마나 타인과 정확하게 소통할 수 있는지를 알고 싶다"라던 그의 수상 소감은 시사하는 바가 매우 크다.

허준이 교수는 초등, 중등, 대학으로 이어지는 모든 국내 교육과정에서 그는 부적응자였다. 매 단계마다 한국의 교육 시스템은 그를 밀어냈다고도 볼 수 있고, 그의 재능을 알아보지 못한 재능의 수난기일 수도 있을 것이다.

그러나 지금은 여러 가지 다양한 분야에서 합리적 사고가 부족하고 서로 소통이 결핍되어 있는 우리 사회에서 허 교수는 어둠을 밝히는 긍정의 등불이 되었다. 그의 필즈상 수상을 계기로 우리 사회에 좀 더 많은 학생이 수학을 친근하게 여길 수 있도록 교육혁신이 이루어지기를 기대한다. (2022.8.23)

수학은 예술 – 융합적 사고의 산물

앞의 항목에서 "수학은 학생들이 생각의 힘을 기를 수 있는 가장 의미 있는 교과목이다. 그러나 불행하게도 우리 학생들에게는 가장 외면 받는 존재가 되었다" 라며 거기에 얽힌 여러 가지 문제점과 의미들을 짚어 보았다. 이번 회에서는 수학과 예술, 인문학의 관련성에 대해 탐색해 보고자 한다.[1]

허준이 교수는 며칠 전 서울대학교 2022학년도 여름 졸업식에서 축사를 하였다. "~실패를 두려워하지 말고 도전하라. 편안하고 안전한 길을 거부하라. 타협하지 말고 자신의 진짜 꿈을 좇아라. 모두 좋은 조언이고 사회의 입장에서는 특히나 유용한 말입니다만 개인의 입장은 다를 수 있음을 여러분은 이미 고민해 봤습니다.

제로섬 상대평가의 몇 가지 통명스러운 기준을 따른다면, 일부만

---

[1] 조선일보, SBS 등 보도기사 참조 및 인용

이 예외적으로 성공할 것입니다. 여러 변덕스러운 우연이, 지쳐버린 타인이, 그리고 누구보다 자신이 자신에게 모질게 굴 수 있으니 마음 단단히 먹기 바랍니다."라고 말하였다. 타인과 다르다는 나의 가치를 인정하고 상대평가의 기준에 자신을 모질게 대하지 않았으면 좋겠다는 언급을 한 것으로 보인다.

허준이 교수는 "나는 커서 어떻게 살까, 오래된 질문을 오늘부터의 매일이 대답해 줍니다. 취업, 창업, 결혼, 육아, 교육, 승진, 은퇴, 노후 준비를 거쳐 어디 병원의 그럴듯한 1인실에서 사망하기 위한 준비에 정신 팔리지 않기를 바랍니다.

무례와 혐오와 경쟁과 분열과 비교와 나태와 허무의 달콤함에 길들지 말길, 의미와 무의미의 온갖 폭력을 이겨내고 하루하루를 온전히 경험하길, 그 끝에서 오래 기다리고 있는 낯선 나를 아무 아쉬움 없이 맞이하길 바랍니다."라고 말하고는 "수학은 무 모순이 용납하는 어떤 정의도 허락합니다. 수학자들 주요 업무가 그 중 무엇을 쓸지 선택하는 것인데, 언어를 어떻게 사용할 것인가에 대한 가능한 여러 가지 약속 중 무엇이 가장 아름다운 구조를 끌어내는 지가 그 가치의 잣대가 됩니다. 오늘같이 특별한 날 특별한 곳에서 특별한 사람들과 함께하니 들뜬 마음에 모든 시도가 소중해 보입니다. ~"와 같이 허 교수는 졸업식장에서 말하였다.

시인을 꿈꾸던 수학자다운 말 같지만 수학과 무 모순에 대해 언뜻 연결이 잘 되지 않는다.

언어를 말한다. 이에 관련하여 허 교수는 다른 인터뷰에서 시와 수학과의 관계에 대해 "알고 보면 공통점이 많아요. 시는 어떻게 보면 모순적인 표현 양식입니다. 표현하기 어려운 것을 언어로 소통하려는 시도니까요. 그래서 시적 모호성이 생기죠. 수학은 땅으로 끌어내리기 어려운 추상적 개념을 수와 논리로 표현해 공유하는 거고요. 둘 다 대상을 고도로 함축해 강력한 상징을 만들죠."라고 말했다.

허 교수는 입시와 연관된 수학교육에 대해 또다시 아쉬움을 나타낸다. "처음엔 수학이 재미있었지만 입시와 연관돼 있어 수학의 기쁨을 유지하기가 쉽지 않았어요. 중3 때 경시대회 나가볼까, 과학고 가볼까 하는 생각이 들어 선생님께 말씀드렸더니 '지금 시작하기엔 너무 늦었다'고 하시더군요. '나는 수학 못하는 아이'라고 생각해 버리게 됐어요.

수학자가 된 지금 돌이켜 보면 말이 안 되는 얘기예요. 한국 사람들은 '뭘 하기에 늦었다'는 말을 너무 많이 가혹하게 해요. 타인에게도 자신에게도, 어떤 일이라도 시작하기에 늦은 일은 없지 않을까요?"

수학자인 허 교수의 자녀에 대한 수학 교육은 어떨까, "저희 애는 수학에 영 관심이 없어요. 대신 K팝 천재 같아요. 드럼 비트 한 번만 들어도 BTS 노래인지, 블랙핑크 노래인지 다 맞힌다니까요!" 그러나 허 교수는 아이의 수학교육에 대해서는 아이가 수학문제를 내게 해서 허 교수가 답을 풀어주는 방식을 사용하고 있다고 한다.

허준이 교수에겐 예술가의 피가 흐른다. 한국 근대 조각의 거장 권진규(1922~1973)의 조카 손자이다. 어린 시절 집 안 구석구석 권진규의 테라코타 조각상이 있었단다. "밤에 화장실 다녀올 때마다 너무 무서웠던 기억이 나요. 집안 어른들이 유명 조각가라고 해서 그런 줄로만 알았는데 제가 좀 컸을 때 스스로 목숨을 끊으셨다는 얘기를 해주셨어요. 막연하게 어른이 되면 사는 게 그만큼 힘들 수도 있구나 생각했죠."

뉴호라이즌 상을 수상했을 때 허 교수는 "수학자의 내적 동기는 예술가의 그것과 같다"고 말하였다. 실제로 옥스퍼드대 수학과 교수이면서 〈이상한 나라의 앨리스〉를 쓴 루이스 캐럴처럼 예술과 수학을 병행한 사람도 꽤 있다고 한다. 허준이 교수의 스승인 일본인 히로나카 헤이스케 하버드대 명예 교수도 한 때는 피아니스트를 꿈꿨다고 한다.

허 교수는 "기질적으로 비슷한 지점이 있어요. 둘 다 추상적 대상을 공유하면서 소통하고자 하는 욕구가 강해요. 내가 굉장히 애써서 어떤 아름다움을 간신히 봤는데 나만 아는 게 아니라 너한테도 보여주고 싶은 마음이랄까요?"라고 말했다.

시와 관련한 허준이 교수의 요즘 근황에 대해서는 "쓰지는 않지만 많이 읽습니다. 최근엔 시인 데이비드 화이트의 작품을 즐겨 읽어요.

그의 산문 〈위로〉는 특히 강추!" 한다고 말하면서 "언어를 굉장히 정교하게 사용해 곱씹으며 읽는 즐거움이 있어요."라고 말했다.

인문학적 소양에 대한 허 교수의 견해는 "수학은 인문학이라고 생각합니다. 천문학, 물리학 등은 자연이 만든 대상을 연구하는데 수학은 사람이 만들어 낸 걸 연구해요. 그런 면에서 철학, 인문학과 오히려 결이 비슷하죠."라고 말했다.

수학은 큰 범주 안에서의 예술이며 융합적 사고의 산물이라고 정리하면 어떨까. (2022.9.6)

제5장

다양한 한류 이야기

-드라마·영화·경제·K-POP댄스

K-드라마의 새로운 역사, 〈오징어 게임〉

　　민족 최대의 명절인 추석 연휴, 미국 시간으로 12일에 우리 국민들은 새로운 한류 소식을 듣고 기뻐했다. 〈오징어 게임〉의 에미상 수상 소식을 공유하고자 한다. 외신에서는 수상 소식을 전하면서 "K-드라마의 새로운 역사"라는 반응을 나타냈다.

　　2022년 9월 12일(현지 시간) 미국 로스앤젤레스(LA) 마이크로소프트 시어터에서 열린 제74회 프라임타임 에미상(74th Primetime Emmy Awards) 시상식에서 〈오징어 게임〉이 비영어권 드라마 최초로 '방송계 오스카'로 꼽히는 에미상에서 2관왕을 차지했다.

　　그리고 한국 드라마 최초로 최우수 드라마 시리즈상, 감독상, 각본상, 남우주연상(이정재), 남우조연상(박해수·오영수), 여우조연상(정호연) 등 6개 부문 7개 후보에 올랐고, 이 중에서 감독상과 남우주연상을 수상한 것이다.

〈오징어 게임〉은 올해 프라임타임 에미상에서 남우주연상과 감독상 2관왕을 차지한 것은 물론, 프라임타임 크리에이티브 아트 에미상(2022 Primetime Creative Arts Emmy Awards)에서 여우단역상, 스턴트 퍼포먼스상, 시각효과상, 프로덕션디자인상 등 4개 부문을 수상하며, 총 6관왕에 오른 것이다.

이에 대해 미국 유력 일간지 뉴욕타임스는 13일자 기사에서 〈오징어 게임〉의 이번 수상을 "K-드라마의 새로운 역사"라고 표현하며 "한국인들은 문화 강국이 된 한국을 보여주는 최신 사례라며 이번 수상을 축하했다"라고 보도했다.

또한 〈오징어 게임〉에 나오는 녹색과 분홍색의 극 중 의상, 얼굴을 가리는 검은색 마스크 등이 큰 인기를 끌어 핼러윈 의상 광풍을 일으켰다고도 전했다.

〈오징어 게임〉에 관해 뉴욕타임스는 "극단으로 치닫는 불평등 사회와 도덕적 파산에 대한 그 쇼(〈오징어 게임〉)의 담담한 논평은 전 세계인이 공감할 '빈부 격차'의 좌절감을 건드렸고, 한국 밖에서도 큰 인기를 끌었다"라고 평가하였다. 그러면서 "이 쇼(〈오징어 게임〉)의 성공은 불평등과 경제적 투쟁을 주제로 한 한국 콘텐츠를 향해 세계적인 찬사가 나온 최신 사례"라고 덧붙였다.

뉴욕타임스는 "한국은 최근 몇 년 동안 큰 인기를 끈 TV 쇼, 비평가들로부터 좋은 평을 받은 영화를 포함해 방탄소년단(BTS)과 같은 K팝 밴드를 통해 전 세계 관객들을 사로잡으며 엔터테인먼트 강국으로 자리매김 했다"라고 소감을 밝혔다.

뉴욕포스트는 "오징어게임이 최초의 비영어 수상작이 되면서 74년 역사의 에미상에서 엄청난 승자가 됐다"고 평가하였다.

또한 미국 방송사 CNN은 같은 날 이정재의 남우주연상, 황동혁 감독의 감독상 수상 소식을 전하며 "〈오징어 게임〉의 에미상 수상으로 많은 한국인이 자부심을 공유했다"라고 보도했다.

특히 이정재의 남우주연상 수상을 두고는 브라이언 콕스 (〈석세션〉), 밥 오덴커크(〈베터 콜 사울〉), 제레미 스트롱(〈석세션〉), 아담 스콧 (〈세브란스: 단절〉), 제이슨 베이트먼(〈오자크〉) 등 다른 후보를 "압도했다"라고 보도하였다.

최근의 한류인 K-컬처의 성과는 눈부시다. 2020년 영화 〈기생충〉의 아카데미 4관왕, 지난해 그룹 방탄소년단의 빌보드·아메리칸 뮤직 어워즈 수상에 이어 〈오징어 게임〉까지 에미상을 수상하면서 K콘텐츠가 세계적으로 권위있는 장르별 상을 휩쓸며 주요상 수상 퍼즐을 완성하게 된 것이다.

에미상 감독상을 수상한 황동혁 감독은 시상식에서 "에미상 14개 후보에 오른 뒤 사람들은 내가 역사를 만들었다고 했다. 그런데 나 혼자 만든 역사가 아니다. 우리 모두가 함께 이 역사를 만든 것"이라고 말해 박수갈채를 받았다.

남우주연상을 수상한 이정재는 영어로 짧게 소감을 밝힌 뒤 우리말로 "대한민국에서 보고 계실 국민 여러분과 기쁨을 나누겠다"고 말했다. 그는 기자간담회에서도 "언어가 다르다는 것이 크게 중요하지 않다는 것은 '성기훈'(이정재 배역)의 수상으로 증명됐다"고 힘주어 말했다.

〈도가니〉, 〈남한산성〉 등의 각본을 쓰고 연출한 황동혁 감독의 넷플릭스 〈오징어 게임〉은 456억 원의 상금이 걸린 의문의 서바이벌에 많은 사람들이 참가한다. 이들이 최후의 승자가 되기 위해 목숨을 걸고 극한의 게임에 도전하는 이야기를 그린 드라마 작품이다. 올해 6월 〈오징어 게임〉 시즌 2의 제작을 확정 발표하였다.

한편, 미국의 유명 작가 미나 해리스는 13일 자신의 트위터에 "O Yeong-su cutting it UP(오영수가 무대를 찢었다)"며 35초 분량의 영상 한 편을 올렸다. 영상에는 이날 제74회 에미상 시상식 직후 열린 애프터 파티에서 참석자들에 둘러싸인 오영수가 현란한 춤 실력을 뽐내는 모습이 담겨 있었다.

그동안 각종 인터뷰 등을 통해 점잖은 모습만 보여줬던 오영수는 영상에서 78세라는 나이가 무색하게 꺾기 댄스를 곁들인 화려한 퍼포먼스로 반전 매력을 선보였다. 오영수의 현란한 춤에 환호와 박수가 터졌고, 휴대폰으로 이 순간을 기억하려는 이들도 눈에 띄었다.

이 영상은 SNS를 통해 전 세계로 퍼져 나갔고 오영수는 연기 외에 춤으로 글로벌 팬들을 또 한번 사로잡았던 것이다. 세계 각국의 누리꾼들은 "깐부 할아버지의 대변신" "대반전" "합성인 줄 알았다" "핵인싸 등극" "역시 배우는 아무나 하는 게 아냐" "무대를 찢어버렸네" "'오겜' is 뭔들" 등 폭발적인 반응을 보냈다. (2022.9.20)

이항대립(二項對立)을 넘어선 새로운 한류 창조[1]

이 글은 한류의 원형을 쫓아 그 때로 돌아가서 나를 체험하는 것이자, 끝임 없이 변해가는 나의 아이덴티티를 찾아가는 과정이다. 고정불변의 과거가 아니라 창조라는 키워드로써 아직도 팔딱거리는 생각들에 대한 꿈틀대는 현재의 이야기를 담는 것이다. 〈박상진의 한류 이야기〉를 시작하면서 "필자 자신의 끊임없는 내면의 갈등과 싸우면서 자유롭게 풀어가고자 한다."라고 말하였다.

최근 들어 많은 K-컬처의 성과와 관련한 소식들이 전해온다. 이것은 끝없이 창조적 사고를 멈추지 않는 국민적 결실이라고 말할 수 있다. 이 글은 우리 국민이 갖고 있는 창조력의 비밀을 찾아가는 여정이다. 그 여정의 글은 내 주장을 강조하는 계몽적인 글이 아니다.

---

1) 김민희,'앞의 책'의 글을 전적으로 참조 인용

흑과 백이 공존해야 하고 선과 악이 서로의 주장으로 의견이 팽배했으면 좋겠다. 필자는 독자들의 다양한 의견들을 듣고 싶다.

내 얘기에 공감도 하고 비판도 하면서 자기만의 논리를 만들었으면 좋겠다. 그것이 한류 정신이라고 생각한다. 지구상의 70억 인구들 각자가 나처럼 생각하는 이는 나 밖에 없다는 이야기를 하고 싶다. 모든 사람은 각자 자기대로 고유의 생각을 하고 그 생각은 소중하다고 본다. 그 생각의 행위는 곧 각자의 아이덴티티가 되고 그것이 주위에 확산되어 문화가 되며 시간이 흐르면 전통문화로 자리매김하게 된다.

이런 과정의 역사 속에서 무수한 기억들이 흔적조차 남아 있지 않고 사라졌을 것이다. 그러나 또 다른 기억들은 세포 속에 깊숙이 박혀서 우리 삶의 흔적으로 기억되고 삶의 영역으로 자리 잡으면서 긴 역사가 될 때 전통문화가 되는 것이 아니겠는가. 이렇게 형성된 우리의 전통문화는 K-컬처의 원형자산이 되어 세계인들을 들썩이게 하고 있는 토대로 작용하고 있는 것이다. 그러한 토대에서 갖춰진 '흥과 끼'를 우리는 소위 국민성이라고 말하고 정체성이라고도 말한다.

이러한 정체성이 형성되기까지 우리는 끝없는 이항대립(二項對立)의 과정을 겪으며 오늘에 이르렀다. 이항대립의 사전적 의미는 "의견이나 처지, 속성 따위가 서로 반대되거나 모순되는 두 가지가 이룬 짝"이다. 흑과 백이 공존하고 선과 악의 서로 다른 주장을 극복한 포용적 문화를 상징하는 용어인 것이다. 이항대립의 과정은 '사고(思考) 과정의 사고(思考)' 또는 '창조 과정의 사고'에서 빚어진 우리 '내면의 이력서'이다.

이항대립은 철학자 들뢰즈와 가타리(Gattari, F.)가 제시한 관계 맺기의 한 유형이다. 관계 맺기의 전제는 현실 관계의 이면을 이루는 것, 즉 흑과 백, 선과 악을 이루는 대상들이 자유롭고 유동적인 접속이 가능한 잠재성이 뒷받침된다는 것이다. 여기에는 창조와 파괴가 뒤따른다. 창조하려면 파괴하고 파괴는 반드시 창조가 따르는 것이다.

그러나 창조와 파괴는 동전의 양면으로서 서로의 인과(因果)를 인정하고 서로를 포용하려고 노력한다. 우리 국민들은 "아이구 좋아서 죽겠다"고 한다. 이와 같이 모순어법 쓰기를 즐겨한다. 극과 극의 표현을 통해서 자기 감정을 가감 없이 표현하고 모두를 포용하려고 하는 국민성을 가지고 있다.[2]

창조와 파괴는 두 톱니바퀴처럼 물려 있듯이 늘 붙어 다니지만 동시에 작용할 순 없다. 늘 시간차를 두고 나타난다. 그 순서는 파괴가 먼저이다. 새로운 것을 창조하려면 기존의 것을 파괴해야 한다. 그것을 '창조적 파괴'라고 한다. 우리나라 역사는 조용한 나라라고 불릴 만큼 변화와 개혁이 없는 듯이 보이지만 인습의 벽에 갇힌 폐습들을 백성들의 시대의식으로 풀어냈고, 일제 강점기 등 권위주의에 매몰

---

2) 김민희, 『이어령, 80년 생각』 70쪽, 참조 인용, 위즈덤하우스, 2021

된 기성사회의 병폐를 국민들의 수준 높은 문화적 저항의식으로 풀어냈다.

　요즈음 젊은 세대들의 개인화, 탈정치화, 탈이념화가 기성세대와 또 다른 갈등으로 보여지고 있는데 진보와 보수의 이항대립을 넘어선 새로운 젊은이들의 현상으로 이해되어야 한다고 생각한다. 기성세대를 넘어선 새로운 젊은 세대의 창조는 새로운 국가 브랜드를 창조하는 것이며 미래 일류국가를 향한 마음으로 격려해야 할 것으로 사료된다. 그 젊은이들이 작금의 새로운 한류를 창조하고 있지 않는가. (2022.10.4)

정말 창조적인 것은 위기에
빠지지 않게 하는 것이다

지속가능한 한류의 환경은 정치적으로나 사회적으로 어떻게 창조될 것인가?

위기는 기회라고 한다. 한국인들은 위기가 닥쳐야 기회를 찾으려고 한다. 정말 창조적인 것은 위기에 빠지지 않게 하는 것이다. 한국인들은 궁즉통(窮則通)을 말하면서 위기 때마다 부랴부랴 살길을 찾는다고 법석을 떤다.

물론 궁즉통은 몇 천 년 간 강대국 사이에서 견뎌온 한국인의 창조력이자 돌파력이라는 장점으로 작용한 것은 사실이다. 그러나 근래에는 유비무환(有備無患)하지 못하는 폐습이 되어버린 것 또한 사실이다.[1]

꼭 닥쳐야만 뭔가를 한다. 그렇다 보니 2년 전, 1년 전, 또는 한 달

---

1) 김민희, '앞의 책' 247쪽 등, 참조 인용

전에 계획한 결과물들이 비슷한 경우가 많다. 글쓰기도 마감이 닥쳐야만 머리를 짜내듯이 써낸다. 그야말로 다 쓴 치약 쥐어짜듯이 한다. 창조는 천재적인 것이 아니다. 미리 미리 대비하고 분석하는 습관이 축적되면서 남이 생각하지도 못하는 것들이 나오는 법이다.

한국인들은 '위기는 기회다'를 진리처럼 여기고 위기의 고비 때마다 극복해 온 것이 사실이다. 마치 위기가 닥쳐야 기회를 얻는 것처럼 '한국인은 위기에 강하다'라는 말도 이래서 나왔을 것이다. 한국인은 번갯불에 콩 구워 먹는 민족이라고 한다, 이렇게 콩 구워 먹듯이 기획하는 것도 한국인이고 또 그런 것들을 해결하는 것도 한국인이다.

그러나 우리는 이 시점에서 이러한 전제 자체를 원점에서 다시 생각해봐야 한다. 위기를 극복하겠다고 하기에 앞서 위기를 만들지 않도록 미리 대비해야 한다는 것이다.

국가 안보분야는 말할 것도 없거니와 현재 대한민국의 최고의 당면과제 중 하나인 저출산·고령화 문제, 그리고 몇 년 전 세월호 침몰 사건, 또한 얼마 전에 일어났던 핼러윈 축제에서 발생한 이태원 참사 같은 사건 등도 같은 맥락에서 본다. 위기가 코앞에 닥친 후에야 정치 사회적 문제로 풀려고 야단법석을 떤다.

인구문제는 인구구조를 예측했을 때부터 인공수정과 베이비 시티, 로봇 기술 등으로까지 이 문제를 확대해서 연구해 봤어야 한다 라는 지적이다. 세월호 침몰 사건 이후 우리 사회의 안전망은 완벽하게 구축되었는가? 150여 명의 목숨을 앗아간 이태원 참사를 보면 국민이 납득할 정도의 사회 안전망은 전혀 구축되지 못한 것으로 보여진다.

미국의 워싱턴포스트(WP)가 '이태원 핼러윈 참사'를 보고는 한국이 27년 전에 발생한 삼풍백화점 붕괴 사고를 겪고도 비슷한 참사를 막지 못했다고 지적했다.

WP는 당시의 삼풍백화점에서는 사고 직전까지 붕괴의 조짐이 차고 넘쳤는데도 백화점 경영진이나 관련 당국 공무원들은 아무런 조치를 취하지 않았다고 지적했다. 또 사고 이후에는 사회 지도층에서 연신 재발 방지를 약속했다고 보도하면서 그 이후 건축물 안전에 대한 규제와 감독이 강화되고 과실치사에 대한 처벌 강도가 높아지는 등 정부의 제도적 보완도 이뤄졌다고 덧붙였다. 그렇지만 지금까지 변한 것은 찾아볼 수 없고 150여 명이 숨진 이태원 참사도 다르지 않다고 지적했다.

WP는 '삼풍 참사'가 한국의 고도 경제성장에 경종을 울렸다면, '이태원 참사'는 한국이 문화 중심지로서 전 세계에 존재감을 높이던 중에 발생했다고 설명했다. 참사 장소였던 이태원이 한류 문화의 중심지였다는 것이다.

우리 국민들이 K-컬처를 창조하여 한류를 만들어 낼 때 정치나 사회 분야에서는 전혀 창조적이지 못했다는 평가가 나온다. 아니 어쩌면 위기를 극복하기 위한 창조적인 행위가 방해되었을지 모른다는 생각을 하게 된다.

정말 창조적인 것은 국가나 사회를 위기에 빠지지 않게 하는 것이다. 따라서 창조적인 사람이 한 명이라도 따돌림을 당해서는 안 된다.

역사는 때론 소수에 의해 움직인다. 한 사람의 아이디어가 나라 전체의 이미지를 바꿀 수 있다. 좋게도 또한 나쁘게도 바꿀 수 있다. 그래서 창조는 개인의 힘이지만 그것의 결과는 국력이 되는 것이다.

그러한 창조적인 세력이 많아야 서로 네트워크를 맺고 교류를 해서 좋은 결과물을 이끌어낼 수 있기 때문이다. 지금이 그 시점이 아니겠는가?

이제 '위기는 기회다'라는 명언은 버려야 한다. 위기는 기회가 아니라 우리 모두에게 그저 위험한 상황일 뿐이다. 위기에 닥쳐서 부랴부랴 해결방안을 찾기 위해 동분서주할 것이 아니라, 위기가 오지 않도록 분석하고 대비해야 할 것이다. 정말 창조적인 것은 위기에 빠지지 않게 하는 것이다. (2022.11.8)

K-POP을 한 차원 끌어 올린 블랙핑크

2022년 6월 방탄소년단(BTS)이 군 문제 등으로 그룹 활동을 잠정적으로 중단하는 선언을 하였다. 그 후 BTS의 후계자는 누가 될 것인가? 모두들 궁금해 하면서 당연히 보이 그룹 중에서 나오리라고 생각하였을 것이다.

그런데 BTS의 공백기를 메울 후계자는 보이 그룹이 아니라 걸 그룹인 블랙핑크가 K-POP 주역으로 급부상하게 되었다. 블랙핑크는 미국의 빌보드 · 영국의 오피셜 · 스포티파이 등 BTS도 경험하지 못한 3관왕을 동시에 차지하게 된 것이다.

블랙핑크의 트리플 크라운 달성을 두고 가요계에서는 K-POP이 진일보 했다는 반응들이다. 특히 블랙핑크의 급부상은 '보이' 그룹 못지않게 '걸' 그룹도 한류인 K-POP 열풍을 주도할 수 있다는 첫 사례로 주목을 받고 있는 것이다.

김윤하 평론가는 "2022년 6월 BTS의 그룹 활동 잠정 중단 선언 이후 관심이 쏠린 '포스트 BTS' 후보에는 빌보드200 기록을 주도해 온 '남성 그룹'이 주로 거론되곤 하였다"고 하며 "하지만 이젠 여성 그룹인 블랙핑크가 그 공백을 자신들만의 방식으로 잘 메울 수 있다는 기대감이 커졌다"고 말하였다.

당당한 걸 그룹의 롤 모델로 여겨지는 블랙핑크의 선전은 해외에서도 이례적인 성과로 평가받는다. 이들이 빌보드 메인앨범 차트인 '빌보드 200'에서 거둔 1위는 2008년 4월 미국 걸 그룹 '대니티 케인(Danity Kane)'의 '웰컴 투 더 돌하우스' 이후 14년 만에 나온 기록이다. 오랫동안 무주공산이었던 북미 시장의 인기 걸 그룹 시장을 한국의 블랙핑크가 완벽히 차지하게 된 것이다.

앞서 2018년 BTS가 첫 빌보드200 1위를 차지했을 때는 인기 팝스타 해리 스타일스가 속해 있던 '원 디렉션' 이후에 공석이 된 미국 최정상 보이 그룹의 왕관을 BTS가 이어받았다는 반응이었다. 그런데 이번에 블랙핑크가 거둔 1위는 여왕의 대관식이 된 셈인 것이다.

블랙핑크의 소속사인 YG 또한 그런 부분을 전략적 목표로 삼았다고 한다. 김도헌 평론가는 "최근 미국 내 10대·20대를 중심으로 푸시캣 돌스 등 2000년대 인기 걸 그룹 패션, 음악 스타일을 선망하는 흐름이 있다"며 "블랙핑크도 2집 수록곡 '셧 다운' '핑크 베놈' 등에서 그 시대 걸 그룹들 곡에서 두드러졌던 힙합 기반 팝송, 패션을 전략적으로 앞세우고 있다"고 말한다.

그러면서도 평론가들은 "블랙핑크와 BTS의 성공은 많은 점이 다르다"고 평하고 있다. 2018년에 시작된 BTS의 빌보드 차트의 성과들은 돌풍처럼 여겨졌다고 한다면, 블랙핑크의 성공은 예견되었다고 보는 것이다.

처음부터 한국어 가사가 주를 이룬 앨범으로써 BTS는 주목을 받았는데 그와는 달리 블랙핑크는 다소 거친 욕설 표현까지 섞인 영어 가사가 80% 이상을 차지한 앨범을 가지고 빌보드200 정상에 올랐다는 점도 BTS와 큰 차이로 꼽힌다.

임진모 평론가는 "이번 신보에선 거문고 가락 등을 일부 사용했지만 블랙핑크 곡 대부분은 사실 한국적이기보단 북미식 팝에 가깝다. 그런데도 '아류'가 아닌 '고유의 개성'을 지닌 그룹으로 환호를 받았다"고 말하며 "세계 음악 시장에서 BTS 열풍의 시작이 K-POP을 '도전자' 위치에 처음 설 수 있게 이끌었다면, 블랙핑크는 뛰어난 외모와 실력, 유창한 영어 등을 앞세워 빠르게 해외 스타들과 동등한 인기를 구축했고, K-POP을 한 단계 더 끌어올렸다"고 평가했다.

실제 블랙핑크 멤버 전원은 현재 샤넬(제니)·생로랑(로제)·디올(지수)·셀린느(리사) 등 세계적 명품 브랜드의 홍보대사로 활약 중이고,

또한 2021년 9월에는 세계적 팝스타 저스틴 비버(당시 약 6510만명)를 끌어내린 뒤 차지한 '전 세계 유튜브 채널 구독자(현재 8180만명) 1위'의 자리를 굳건히 지키고 있다.

음악 평론가 김작가씨는 "블랙핑크는 K-POP 잣대로만 분류하기엔 이미 다방면에서 세계적인 '셀러브리티(유명 인사)' 집단"이라고 평가했다.

이러한 탄탄한 인지도가 연속적인 기록 갱신에도 큰 이점으로 작용했다는 분석이다. 2016년 첫 데뷔한 블랙핑크는 2018년 미니음반 '스퀘어 업'으로 빌보드200의 40위를 기록하며 직전 K-POP 걸그룹의 최고 기록(61위·2NE1)을 갱신했고, 2019년 미니음반 '킬 디스 러브'로 24위, 2020년 10월 정규 1집 '디 앨범'으로는 단숨에 2위까지 올라섰다. 이번 신보로는 특히 2년 공백기를 거치고도 1위를 차지했다.

한 국내 음반기획사 관계자는 "공백기를 거치고도 연속적인 커리어 하이, 그것도 빌보드200의 1위란 성과를 복귀 직후에 바로 내는 건 인기 흐름이 빠른 K-POP 그룹의 세계에서는 결코 쉽지 않은 도전의 성과"라고 했다.

세계 음악 차트 성향이 '다인종·다문화·여성' 키워드로 정착하고 있다는 점도 블랙핑크 선전의 한 요인으로 꼽힌다.

정민재 평론가는 "빌보드만 해도 리조, 도자캣 등 당당한 이미지의 여성 솔로 가수들과 배드 버니 등 라틴 계열 가수들이 빌보드 차트 상위를 독식한 지 오래다. 이런 이미지에 블랙핑크가 잘 부합하는데다 K-POP 자체도 이젠 해외에서 낯선 음악의 자리를 벗어나고 있는 모양새"라고 했다.

우리 사회는 일색(一色)이라는 표현에 익숙하다. 정치, 경제, 사회의 대부분에서 한 가지 색이 지배하는 모습을 보이고 있다. 한국의 획일적 사회와 문화를 깨뜨리지 않으면 우리의 미래는 없을 것이다. 한류의 지속 가능한 미래를 위해서는 획일적 문화를 깨뜨려야 한다. 걸 그룹 블랙핑크가 BTS에 이어서 우리 사회의 획일성(劃一性)을 깨고 있는 것 같다.

기성 사회에서 깨지 못하는 구습과 일색을 한류가 깨고 있는 것이다. 한국의 획일적 사회와 일색의 문화를 깨뜨리지 않으면 한류의 미래는 없다. 다색다양(多色多樣)에서 창조적 상상력이 나온다.
(2022.11.22)

창조적 상상력은 다색다양한 토양에서[1]

우리 사회는 일색(一色)이라는 표현에 익숙하다. 정치, 경제, 사회의 대부분에서 한 가지 색이 지배하는 모습을 보이고 있다. 한국의 획일적 사회와 일색의 문화를 깨뜨리지 않으면 우리의 미래는 없을 것이다. 다색다양(多色多樣)에서 창조적 상상력이 나온다.

바다를 연상하게 하는 천 가지 색깔의 물고기 떼를 보면서 아이들이 자란다고 생각해 보자. 천 개의 빛이 만들어내는 그 다양한 세계를 생각해 보자. 노란색도 수십 가지이고 빨간 색도 수십 가지이다. 미국의 색체 연구가인 먼셀(Albert Munsell)의 4653가지 색체를 보면서 자란 아이들이 디자인을 하면 애플도 이길 수 있을 것이다. 다색다양에서 창조적 상상력이 나오는 것이다.

사군자를 배우는 아이가 대나무를 그리려 했다. 그런데 먹을 갈기

---

1) 김민희, '앞의 책' 327~339쪽, 참조 인용

귀찮아서 옆에 있는 빨강 물감으로 대나무를 그렸다. 그러니까 옆에 있던 선생님이 그 아이에게 '야, 이 녀석아, 빨간 대나무가 어디 있어?'라고 호통을 치셨다. 그랬더니 아이가 '그럼 검은 대나무는 어디 있습니까?' 하고 물었다고 한다. 현실의 색과 상상의 색은 차원이 다른 것이다. 누구든 본인이 마음대로 상상한 색으로 그리면 되는 것이다.

톨스토이는 어린 시절, 빨간 색연필로 토끼를 그렸다. 그 그림을 본 어른들은 톨스토이를 놀려댔다. "얘야, 세상에 빨간 토끼가 어디 있니?" 그러자 톨스토이는 이렇게 대답했다. "세상에는 없지만 그림 속엔 있어요." 세상에는 없지만 그림 속에는 존재하는 것이야 말로 우리가 평생 추구해야 할 지속 가능한 한류의 창조적 상상력의 세계인 것이다.

고정관념과 편견의 틀은 "창조적 상상력의 적"이다. 색에 대해 우리가 가진 가장 큰 고정관념은 일곱 색깔의 무지개이다. 학교에서는 무지개가 빨주노초파남보의 일곱 색깔이라고 가르친다. 그러나 조금만 문제를 가지고 보면 일곱 가지로 보이지 않는다. 색과 색 사이에 수천 수 만 개의 색들이 어렴풋이 보인다. 그래서 무지개 색은 셀 수 없는 불가산(不可算) 명사라고 한다.

실제로 무지개가 몇 가지의 색인지에 대한 논쟁의 역사는 오래 되었다. 그리스의 철학자 크세노폰(Xenophon)은 3색, 아리스토텔레스(Aristoteles)는 4색, 로마의 철학자 세네카(Seneca)는 5색이라고 보았고, 한동안 서양 문화권에서는 대체로 6색으로 여겼다. 그 이후 우리가 현재의 무지개 색깔을 일곱 가지 색으로 규정한 사람은 영국의 과학자 뉴턴이지만 몇 가지 색이냐에 대해선 다양한 견해들이 존재한다.

패티 김의 노래 '사랑은 영원히'에서는 오색 무지개가 나오고, 미국에서는 남색을 뺀 여섯 가지의 색으로 인식한다. 아프리카의 판츠 족(族) 언어에는 빨강 색을 뜻하는 말이 없고, 쇼나 족 언어에는 황색과 청색의 두 가지 또는 세 가지 색 밖에 없다고 한다. 다시 말해 일곱 가지 색깔 무지개는 물리학을 토대로 하여 학교 교육에서 가르친 하나의 설에 불과한 것이다.

학교 교육은 배움을 주는 기본 공간인 동시에 편견과 고정관념을 강화시키는 곳이기도 하다. 또한 한국의 정치와 사회도 여전히 획일적 구습(舊習)과 일색(一色)을 깨지 못하고 있다. 한국의 획일적 사회와 문화를 깨뜨리지 않으면 우리의 미래는 없을 것이다. 한류의 지속 가능한 미래를 위해서는 획일적 문화를 깨뜨려야 한다.

실제 무지개 색깔을 세어 보지도 않고 앵무새처럼 일곱 가지의 색깔을 무지개라고 외우게 하는 우리의 교육 사회에서 무슨 다양성이 나오겠는가? 우리 아이들에게 천색만색(天色萬色)으로 물들인 고기 때가 상상의 그물 속에서 퍼덕이는 광경을 보게 한다면 상상력의 토양이 달라질 것이다. 다양성(多樣性)이야 말로 창조력의 토양인 것이다.

이러한 획일성의 사회에서는 천리마에게 소금을 지게 하기는커녕

몽둥이질을 해서 내쫓는 사회가 된다. 세계에서 국민들의 아이큐가 제일 높은 나라가 한국이라고 한다. 그런데 한국의 문화 풍토와 사회 환경, 톱-다운식 교육체계는 그 머리 좋고 빛나는 천재들의 날개를 꺾어버린다. 천리는 커녕 백리도 달려보지 못하고 눈물을 흘리는 천리마 즉 천재들이 얼마나 많을까. 한국의 숨은 피카소, 아인슈타인이 얼마나 많을까.

어린 시절 왕따나 다름없던 스티브 잡스의 재능을 알아본 고등학교 선생의 이야기를 통해서 아직도 미국은 기회의 땅이라는 것을 알 수 있는데, 그것은 천리마를 알아보고 천리마를 맘껏 달리게 해주는 사회이기 때문일 것이다. 그런데 우리 사회는 아직도 귤이 탱자가 되는 사회인 획일성에서 벗어나지 못하고 있는 듯하다.

미국에서의 K-POP은 이미 미국 대중의 마음을 사로잡고 있다. 지금처럼 K-POP, K-드라마 등 한국 문화에 미국의 미디어와 학생, 일반인의 환호와 관심이 큰 적은 없었다.

그러면서도 획일성의 사회에서 K-POP, K-드라마로 대표되는 K-컬처의 소프트파워는 지속될 수 있을까. 세계 10위권의 경제 선진국을 넘어 문화 선진국으로 자리매김할 수 있을까. 아니면 K-컬처에 대한 관심은 일시적인 팬덤 현상으로 그치고 말 것인가.

소위 '코리아 디스카운트'가 '코리아 프리미엄'으로 바뀔 수 있을까를 걱정하게 된다. (2022.12.6)

K-POP에 이정표를 제시한 BTS

획일성의 사회에서 K-POP, K-드라마로 대표되는 K-컬처의 소프트파워는 지속되어야 한다. 세계 10위권의 경제 선진국을 넘어 문화 선진국으로 자리매김해야 한다. K-컬처에 대한 관심을 일시적인 팬덤 현상으로 그치게 해서는 안 된다. 이른바 '코리아 디스카운트'가 '코리아 프리미엄'으로 바뀌도록 해야 한다.

한류의 지속 가능한 미래를 위해서는 획일적 문화를 깨뜨려야 한다. 방탄소년단(BTS)과 걸 그룹 블랙핑크 등의 아이돌 그룹이 우리 사회의 획일성(劃一性)을 깨고 있는 것 같다. 기성 사회에서 깨지 못하는 구습과 일색을 한류가 깨고 있는 것이다.

한국의 획일적 사회와 일색의 문화를 깨뜨리지 않으면 한류의 미래는 없다. 다색다양(多色多樣)에서 창조적 상상력이 나온다.

2022년 11월 21일 오전 10시(한국시간) 미국 로스앤젤레스 마이

크로소프트 시어터에서 개최된 '2022 아메리칸 뮤직 어워드'에서 BTS가 2관왕에 오르며 5년 연속 수상했다.[1]

BTS는 올해 신설된 '페이보릿 K팝 아티스트(Favorite K-Pop Artist)' 부문 수상자로 선정되었는데 이 부문에서는 한국의 K-POP 그룹인 BTS, 그리고 블랙핑크, 트와이스, 세븐틴, 투모로우바이투게더(TXT) 5개 그룹이 후보에 이름을 올려 경합을 벌였다.

이보다 앞서 BTS는 '페이보릿 팝 듀오/그룹(Favorite Pop Duo or Group)' 부문을 수상함으로써 이날 '아메리칸 뮤직 어워드' 2관왕에 올랐다. BTS는 이 부문에서 콜드플레이, 이매진 드래건스, 마네스킨, 원리퍼블릭 등 세계 팝 스타들과 경쟁해 당당히 트로피의 주인공이 되었다.

이로써 BTS는 5년 연속 '아메리칸 뮤직 어워드' 수상에 성공하게 된 것이다. BTS는 2018년 '페이보릿 소셜 아티스트(Favorite Social Artist)' 부문에서 수상하면서 '아메리칸 뮤직 어워드'와 첫 인연을 맺었으며 '페이보릿 팝 듀오/그룹' 부문에서는 2019년 이래 4년 연속으로 수상하는 기록을 세웠다. 또 지난해에는 K팝 가수 최초로 대상에 해당하는 '아티스트 오브 더 이어(Artist Of The Year)'를 거머쥐었다.

---

1) 매일경제·중앙일보 기사 참조 인용, 2022.03.31.

'아메리칸 뮤직 어워드'는 '빌보드 뮤직 어워드', '그래미 어워드'와 함께 '미국의 3대 대중음악상'으로 꼽힌다. 100% 팬들의 투표로 수상자를 정하기 때문에 가장 대중성이 확보된 시상식으로 여겨진다

이렇듯이 K팝 대표인 아이돌 그룹 BTS의 인기는 가히 세계적이다. 그렇다면 한국에서의 BTS에 대한 인기는 어떨까? BTS를 가장 많이 소비한 국가는 어디일까. 등잔 밑이 어둡다고 했는가. 1위는 한국이 아닌 일본인 것으로 나타났다.

위의 내용은 중앙일보가 동영상 공유 플랫폼 유튜브 음악 차트 통계를 활용해 최근 1년간(2021년 3월~2022년 2월) 주요 K팝 그룹의 팬덤을 분석한 결과이다. BTS의 공식 뮤직비디오, 공식 음악을 이용한 사용자 제작 콘텐츠(UCC), 가사 동영상 등은 이 기간 총 151억 회 재생되었는데 이 중 20억 회 이상이 일본에서 발생하면서 BTS 소비국의 1위를 기록한 것이다. BTS의 본산인 한국은 7억 6800만으로 6위에 올랐다. 전체의 5%에 불과하다.

조회 수 10억 회 이상을 기록한 8개 팀·개인의 소비자는 대부분 한국이 아닌 밖에 있었다. BTS에 이어 유튜브에서 음악 동영상이 가장 많이 재생된 K팝 그룹 2위는 블랙핑크(총 85억9000만 회)이다.

블랙핑크를 가장 주목한 나라는 인도(8억2000만 회)이었다. 그리고 트와이스(일본), 스트레이키즈(멕시코), 있지(일본), 세븐틴(일본) 등

의 해외 재생 수는 모두 한국을 압도했다. 아이유와 에스파만이 유일하게 한국에서 조회 수 1위를 기록하였다.

이와 같은 국제화에 힘입어 음반 판매량도 급증하고 있다. 지난해 음반 판매량은 사상 처음으로 5000만 장을 넘겼다. 김진우 가온차트 수석연구위원은 "전체 앨범 판매량 중 절반 정도는 해외 수출양"이라며 "K팝 앨범 수출 국가는 2012년 23개국에서 2021년 88개국으로 늘었다"고 말했다. 관세청에 따르면 지난해 한국이 수출한 음반은 2억2085만 달러(약 2703억원)에 달한다.

K팝의 세계화는 우연한 것이 아니다. 산업연구원 최봉현 선임연구위원은 "BTS는 어느 날 갑자기 떨어진 것이 아니다"고 말했다. 그는 "엔터테인먼트 업체를 중심으로 육성에서 창작, 음악 활동, 연예활동, 휴식, 다시 창작으로 이어지는 음악 상품의 사이클을 확립했고, 이 과정에서 글로벌 경쟁력을 갖출 수 있었다"고 설명했다.

K-컬처가 우리 경제에 끼친 기여도는 어느 정도일까?
(2022.12.20)

K-POP 등은 무역수지 흑자에도 기여

K-컬처가 우리 경제에 끼친 영향은 컬처로서의 직접적인 영향과 그로 인한 간접적인 영향으로 나눌 수 있을 것이다. 그 K-컬처 중 K 팝이 우리 경제에 끼친 영향은 또 어느 정도일까? 2022년의 마지막 달인 12월 중순 경 언론 보도에 의하면 2022년도의 K팝 음반 판매량은 8천만 장을 돌파할 것이라는 기사가 나왔다. 그 중 BTS가 1위라고 하였다.

BTS가 개척한 길은 다른 K팝 그룹에도 이정표를 제시하게 되었다. 그 중 JYP엔터테인먼트의 8인조 보이그룹 스트레이키즈는 2022년 3월 28일(현지시간) 발표된 미국 빌보드 앨범 차트인 '빌보드200'에서 1위를 차지하였다. 스트레이키즈는 BTS와 슈퍼엠에 이어 빌보드200에서 1위를 한 세 번째 K팝 아티스트가 되었다.[1]

---

[1] 중앙일보 기사 참조 인용, 2022.03.31

빌보드200은 미국 내에서 발매된 앨범의 판매량과 스트리밍 횟수 등에 따라 순위가 매겨진다. 그런데 스트레이키즈가 지난 3월 18일 발매한 미니 앨범 '오디너리(Oddinary)'는 3월 24일까지 미국 내에서만 실물 앨범 10만3000장이 팔린 것이다.

스트레이키즈의 빌보드 앨범 차트가 1위를 기록한 것은 나름의 이유가 있다. 지난 1년간 유튜브 음악 동영상 분석 결과에서도 나타난 바와 같이 스트레이키즈는 한국보다 멕시코와 미국 등 북미에서 인기가 많았다. 스트레이키즈의 유튜브 조회 수는 17억5000만 회로 K팝 그룹 중에서는 BTS, 블랙핑크, 트와이스에 이어 4위의 조회 수를 기록했다.

하지만 1년 간 전 세계 10억 회 이상의 조회수를 기록한 다른 8개 팀·가수들에 비해서 한국에서만 조회 수 상위 10위에 들지 못했다. 유일하게 한국에서만 4540만 회 정도에 그쳤는데, 멕시코에선 1억7800만 회, 미국에선 1억4600만 회가 조회되었다. 브라질에서도 7980만 회가 조회되었다. 신곡이 나온 2022년 3월의 조회 수를 분석해도 멕시코·미국에서 가장 많이 본 것으로 나타났다.

이번 스트레이키즈의 앨범은 발매 후 1주일 동안의 판매량이 85만3000장을 기록했는데 자체적으로 최고의 기록이다. 이 판매량은 한국을 비롯해 전 세계에서 팔린 양이다.

2022년 들어서 K팝 그룹의 첫 주 앨범 판매 기록이 연이어 경신되고 있었는데, 앨범의 판매량 증가는 최근 K팝 시장에서 두드러진 현상으로 나타나고 있다. 예를 들면, SM엔터테인먼트 소속 보이그룹인 NCT드림의 정규 2집은 2022년 3월 28일 발매 첫날 하루 동안 70만 장이 팔렸고, 선주문 수량도 200만 장에 달했다.

노래 '빨간 맛'으로 잘 알려진 SM의 9년 차 걸 그룹 레드벨벳은 지난 21일 발매한 앨범 '필 마이 리듬'으로 첫 주에만 44만 장을 팔았다. 이는 역대 걸 그룹 2위에 해당하며 지난해 '퀸덤' 앨범 첫 주의 판매량인 20만7000장의 두 배를 넘는다.

한터차트 심세나 홍보팀장은 "BTS 이후 글로벌 팬 유입으로 K팝 앨범 판매량은 계속해서 늘어나고 있다"며 "가장 큰 음원 시장인 미국을 비롯해 대부분의 음악 시장이 음원·스트리밍 위주여서 앨범 시장 자체가 줄어드는 추세인데, K팝 팬들만 앨범을 점점 더 많이 사고 있다"고 말했다. 심 팀장은 "공연이 없었던 최근엔 앨범 발매 직후 팬들이 모여 기록을 만들어주려 하고, 아티스트의 수익을 올려주려는 의도가 더해진 영향도 일부 있다"고 설명했다.

그렇다면, K팝의 음반 판매량을 비롯한 K-컬처의 경제적 수지는 어느 정도일까?

BTS, 블랙핑크 등 K-한류 열풍에 힘입어 상반기 지식재산권 무역수지가 3억7000만 달러 흑자를 기록했다. 반기 기준 사상 최대 흑자이자 역대 세 번째 흑자를 기록했다고 한다.[2]

2022년 9월 23일 한국은행이 발표한 '2022년 상반기 지식재산권 잠정적 무역수지'는 3억7000만 달러 흑자를 기록했다고 한다. 작년 상반기의 7000만 달러 적자에서 4억4000만 달러 흑자로 전환된 것이다. 2018년 하반기, 2019년 하반기 3억5000만 달러에 이어 세 번째 흑자이다.

지식재산권 무역수지는 크게 산업재산권과 저작권으로 나눠지는데 산업재산권 적자폭이 축소되고 문화예술저작권이 K-콘텐츠인 K팝과 K드라마, 영화, 웹툰, 문학작품 등의 수출로써 문화예술 저작권, 연구개발 및 SW(소프트웨어) 저작권의 흑자가 확대되고 수출의 호조 등으로 견실한 흑자 흐름을 지속적으로 유지한 영향이라고 한국은행은 평가했다.

산업재산권의 경우 국내 대기업의 베트남 현지법인 등에 대한 특허 및 실용신안권 수출 증가로 3억7000만 달러 적자를 기록해 1년 전의 10억 1000만 달러 적자보다 적자폭이 대폭 축소되었다.

---

2) 뉴시스 기사 참조 인용

저작권의 경우 8억7000만 달러 흑자를 보였다. 문화예술 저작권이 3억8000만 달러 흑자로 반기 기준 흑자폭 2위를 보인 영향이다. 특히 음악, 영상이 4억 달러 흑자로 이 역시 반기 기준 흑자폭 2위를 보였다. 연구개발 및 소프트웨어 저작권은 6억7000만 달러 적자를 보여 게임 제작사의 컴퓨터 프로그램 증가에 적자 폭이 2억6000만 달러 줄었다.

임인혁 한국은행 국제수지팀장은 "지식재산권의 흑자 폭이 커진 것은 국내 엔터테인먼트사, 드라마 제작사, 영화제작사 등에서 음악, 드라마, 영화 등 한류 콘텐츠 수출이 늘어난 영향"이라며 "특히 BTS, 블랙핑크 등 대표 한류 가수의 활약으로 음악, 영상 등이 주로 일본에 수출되면서 문화예술 저작권 수지가 흑자를 보였다"고 말했다.

이렇듯이 러시아와 우크라이나 전쟁으로 인한 무역 적자의 시대에 K-컬처의 효자라고 할 수 있는 K팝은 우리나라의 무역수지 흑자에도 기여하고 있다. (2023.1.3)

변용과 융합의 새로운 '문화 현상'을 창조하는 BTS와 아미

BTS의 팬덤 아미는 국가를 넘어 전 세계적인 현상이다. 요즘 주변에서 보는 팬덤의 확장과 현상은 보통 민주주의를 얘기하지만 서로 다른 개개인들을 적대하고 싸우면서 분열을 야기한다. 아마도 안티테제(Antithese)에 기인하기 때문일 것이다.

정치권이나 사회가 하지 못하는 엄청난 연대를 보여주고 있는 BTS와 BTS의 팬덤 '아미'는 변용과 융합의 새로운 '문화 현상'을 만들어 가고 있다. 이러한 BTS에서 비롯된 창조력의 '현상'은 '한국인의 밈'을 창조적 모티브로 삼아왔을 것이다.[1][2]

BTS는 은연 중에 우리말과 우리글 등 늘 '우리 것'을 파헤치고 한국인의 정서와 습성을 들여다보면서 창조의 모티브로 삼아 왔을 것

---

1) 김민희, '앞의 책', 참조 인용
2) 이지행, 『BTS와 아미 컬쳐』, 관련 기사, 참조 인용, 커뮤니케이션, 2019

이다. 그러한 방식으로 뿌리 내리고 일상화한 BTS의 창조력은 한국인뿐만 아니라 인간 보편의 폭넓은 감동을 이끌어낼 수 있도록 변용과 융합을 거듭하였다.

그러면서 'BTS와 아미의 현상'을 만들어 나갔고 그렇게 맺은 창조의 결실들이 세계인의 심금을 울리고 있는 것이다.

각 집단들이 팬덤을 유지하고 공동체로서 참여하게 하는 방식에는 프랑스의 미디어 철학자이자 사회학자인 피에르 레비(Pierre Levy, 1956~)가 고안한 '집단 지성'과 '코스모피디아'의 개념을 꼽고 있다.

'집단지성'의 사전적 의미는 집단 구성원들이 서로 협력하거나 경쟁하여 쌓은 지적 능력의 결과로 얻어진 지성 또는 그러한 집단적 능력을 말한다. 그 중 레비는 결속과 교류가 이루어질 수 있는 장으로서의 '사이버 공간'을 코스모피디아로 부르고 있다.

코스모피디아에서는 '개개인의 발화가 집단에 매몰되지 않고 서로의 자리에서 보완하는 역할'을 한다.

최근의 팬덤 현상은 정치 팬덤, 취향 팬덤으로 나타나는데 이들의 과도한 열정을 부정적인 시각으로 보는 경향이 많다. 그런데 이 둘의 공통점은 어떤 영향에 의한 감정에서 비롯된 것이다.

정치 팬덤은 '공격' '타도' 등 소위 '안티테제'에서 시작하는 혐오,

분노, 비관 등의 경우가 많다. 안티테제는 반대 의견, 반대편, 반대 주장, 반정립, 반대 명제 등을 뜻하는 말이다. 그래서 정치에서는 상대 진영이 잘 되면 나의 개인적 이익이나 정치적 권리가 침해될 수 있다는 우려로 인해서 긍정적 출발보다는 상대방을 부정하는 생각이 중심에 서는 경우가 많다.

취향 팬덤은 대체적으로 열광, 기쁨, 기원(care), 잘 되기를 바라는 마음 등에서 출발하므로 정치 팬덤과는 시작부터 다르고 결도 다르다고 할 수 있다. 옳고 그름의 문제가 아닌 사랑, 보살핌, 열광으로 시작된다.

그 이유는 팬덤들이 공유하는 사랑의 대상이 있고 그 대상(BTS)이 원치 않는다면 싸우다가도 결국에는 뭉친다. 또 그 대상이 추구하는 선한 메시지를 공유하고 같이 가고 싶어 하면서 긍정적인 방식으로 정치 사회에 적극 참여한다. 집단에 매몰되지 않고 서로 보완하는 '코스모피디아'에 해당된다고 볼 수 있다.

이렇듯 BTS의 팬덤 '아미'는 집단에 매몰되지 않고 코스모피디아에 해당하는 긍정적인 팬덤으로써 정치 사회에 영향력을 행사하고 있다. 이렇게 긍정적으로 이끌어진 아미에 대한 BTS의 영향력은 무엇일까.

앞에서 언급했듯이 그룹으로서의 남다른 에토스(ethos, 어느 사회

집단의 특유한 관습 또는 인간의 습관적인 성격), 즉 한국인의 습성과 정서들을 창조의 모티브로 삼으며 변용과 융합을 거듭하면서 아미들에게 영향을 미치지 않았을까를 생각해 본다.

그래서인지 BTS의 팬인 아미들은 그룹으로서의 BTS를 지지하는 경향이 강하다. 각자 지향하는 바가 다른 팬들조차도 서로 다른 개성을 가진 BTS 7명이 함께 모였을 때 그룹으로서 자아내는 조화로움, 그 시너지 효과에 매료되고 있다.

그것은 다른 어떤 K팝 그룹, 더 나아가 어떤 일반 조직에서조차도 보기 드문 강력한 종류의 것임을 아미들은 알고 있는 것이다. 그러한 조직 기반이 만들어진 BTS의 특성들은 무엇이 있을까?

BTS라는 그룹으로서의 특성을 살펴보면, 첫 번째는 서로 상대방을 탓하지 않고 먼저 칭찬부터 하는 리더십을 갖고 있다. 어떤 그룹이나 조직이 하나의 목표를 향해 나아갈 때 서로의 단점을 지적하지 않는다는 것은 매우 어렵다. 그런데 BTS의 경우 서로를 칭찬하는 성과를 만들어가는 과정은 꽤 감동적이다.

두 번째는 형제애를 바탕으로 한 멤버들 간의 강력한 화합적 작용이다. 아미들은 다 알고 있겠지만 일명 '야채튀김소년단'이라고 불릴 정도로 항상 멤버들이 서로 끈끈하게 붙어 있는데 그것은 쇼맨십에 의한 것이 아니라 그들의 마음에서 우러나오는 우애와 친밀함 그 자체이다.

세 번째는 소외 되는 멤버는 없는지 항상 서로를 살피는 배려의 마음이다. 인터뷰를 할 때나 어떤 콘텐츠를 찍을 때 누가 말을 못하고 지나치지는 않았는지, 각 멤버들이 서로 신경을 많이 쓰고 있다는 것을 오래 지켜 본 팬들이라면 다 알고 있는 일이라고 한다.

네 번째는 서로의 성장과 발전을 위해 강력히 응원한다는 점이다. 보통 연습생 때는 열심히 하다가도 데뷔하고 나면 바쁘다는 핑계로 자신의 실력을 계발하거나 새로운 방향을 모색하고 추진한다는 것에 등한시하거나 소극적일 것이다.

BTS는 바쁜 스케줄에 쫓기면서도 하나같이 늘 새로움을 추구하고 상의하면서 서로에게 영향을 미치게 하고 있다. 이러한 BTS의 삶의 태도를 보면서 팬들은 하나같이 BTS를 지지하고 나아가 인생을 살아가는 롤 모델로도 삼게 만드는 효과를 가져 오게 하고 있다. (2023.1.17)

미국 대학에서 정규 교과목으로 선정된
'K팝 댄스'

정치권이나 사회가 하지 못하는 엄청난 연대를 보여주고 있는
BTS와 BTS의 팬덤 '아미'는 변용과 융합의 새로운 '문화 현상'을 만
들어 가고 있다. 이러한 BTS에서 비롯된 창조력의 '현상'은 '한국인
의 밈'을 창조적 모티브로 삼아왔다.

창조적 모티브로써 문화를 창조하고 소비하는 것은 단순히 멋진
물건을 구매하는 것 이상이다. 그것은 지역, 국가, 인종 간 신뢰의 문
제일 것이다. 그래서 어떻게 하면 다른 문화를 존중하고 더 좋은 세
계를 만들 수 있을 지의 차원으로 진화하고 있는 것이다.

그러한 방식으로 뿌리 내리고 일상화한 BTS의 창조력은 인류 보
편적 가치와 고민을 K팝(댄스)에 반영하고 있다.

폭넓은 감동을 이끌어낼 수 있도록 변용과 융합을 거듭하면서
'BTS와 아미의 현상'을 만들어 나갔고 그렇게 맺은 창조의 결실들이

세계인의 심금을 울리고 있는 것이다.

이러한 창조의 결실로 보여지는 K팝과 관련한 의미 있는 낭보가 며칠 전 보도되어 먼저 소개하고자 한다.

2023년 1월 27일 헤럴드경제 고승희 기자의 보도에 의하면, 'K팝 댄스'가 미국 대학에 교과목으로 개설된다. K팝 댄스가 미국 글로벌 대학에서 정규 교과목으로 개설된 것은 이번이 처음이다.

27일 학계 등에 따르면, 미국 샌디에이고 주립 대학은 오는 가을 학기부터 'K팝 댄스'를 무용과 이론, 실기 정규 교과목으로 개설한다. 3학년 학생부터 들을 수 있는 3학점짜리 무용 전공 필수과목이자 인문학 교양수업(General Education- Humanities) 중 하나로 제공한다.

샌디에이고 주립 대학 측은 "'K팝 댄스' 과목은 다양성(Diversity requirement)을 충족시키는 교양과목으로서 샌디에이고 주립 대학의 모든 학생이 졸업 전 필수과목으로 들어야 하는 인문학 과목의 옵션 중 하나"라고 설명했다.

북미 대학의 무용과 역사상 처음으로 개설된 'K팝 댄스' 수업은 미국 샌디에이고 주립대학의 오주연 교수가 맡는다. 오주연 교수는 처음으로 K팝 댄스를 이론적으로 분석하고 정립하였다. 그리고 지난 2015년 K팝 댄스로 박사 논문을 썼다.

미국 텍사스 오스틴 주립대학교에서 퍼포먼스 스터디로 박사학위를 취득하였다. 오 교수는 북미 최초의 한국인 무용이론 종신교수이다.

오 교수에 따르면 현재 K팝 댄스 동아리는 대부분의 미국 대학에서 일반화되어 있고 중·고등학교에서는 방과 후 수업에서 교과목으로 제공될 만큼 대중화되어 있다고 한다. 그리고 그동안 K팝 댄스가 커버댄스나 플래시몹 등 팬덤의 영역이었다면 이제부터는 교육 영역으로의 장르로 발전하여 그 위상이 달라졌다고 말한다.

K팝 댄스가 단지 엔터테인먼트의 산업적 측면을 넘어 무용사의 일부분으로 이해하는 교육적 차원의 중요한 장르로 인식되었다는 점이 주목할 만하다. 오 교수는 "K팝 댄스에는 현대무용을 비롯해 한국무용, 발레, 보깅(voguing) 등 굉장히 다양한 춤의 뿌리가 담겨 있다"고 지적하며 "K팝 댄스가 교과과정으로 편입된 것은 무용사와 춤을 학문적으로 이해하기 위해 'K팝 댄스'가 필수 장르로 인식되고 있다는 의미"라고 강조했다.

수업의 내용은 K팝 댄스를 집대성한 오 교수의 학술 저서인 『K팝 댄스: 소셜 미디어에서 자신을 팬더밍하는 방법(K-pop Dance: Fandoming Yourself on Social Media)』을 기본 교과서로 삼고, 16주간 K팝 댄스의 역사와 진화, 팬덤, 그리고 사회문화 및 정치적 의미를 수업 중에 다룰 예정이다. 학생들에겐 'K팝 댄스 챌린지'와 같은 과제도 주어진다.

2023년 7월에는 캘리포니아 주립 대학 서머스쿨에서도 'K팝 댄스' 수업이 개설될 예정이다. 이 수업 역시 오 교수가 맡는다. 7월

10~23일 2주간 수업이 진행될 예정인데 미국과 한국의 저명한 K팝 안무가를 초청, K팝 안무를 직접 배우고 학기 말에 공연하는 방식으로 마무리된다. 수업에서는 K팝 댄스가 노래에서 시작된 장르이기 때문에 '노래별 안무 학습'에 집중한다.

오 교수는 "발레 수업이 동작의 테크닉 난이도에 따라 진행된다면 K팝 댄스 수업은 상대적으로 쉬운 아이돌 댄스에서 고난도 아이돌 댄스로 넘어가며 그 레벨에 맞춰 단계적으로 진행할 계획"이라고 말했다.

오 교수는 "K팝 댄스의 특이점은 공통된 움직임이 많고 학생 다수가 K팝 안무를 이미 알고 있는 경우가 많다는 점"이라며 "K팝 댄스에선 모방이 중요한 가치이자 교육의 방법론으로, K-팝 댄스의 특징을 수업에서도 확인할 수 있을 것"이라고 말했다.

미국 글로벌 대학에서 전공생을 위한 필수과목 그리고 교양과목으로 'K팝 댄스'가 선정되었다는 것은 K팝 댄스가 무용사에서도 중요한 학문적 갈래로 인식되었다는 점에서 그 의미가 크다 하겠다. 특히 서구와 백인 중심의 순수예술 및 대중예술은 그동안 아시아권으로 그 영역을 확장시켜왔는데, 'K팝 댄스'의 교과목 개설은 기존의 대중문화 및 인종에 대한 편견을 뛰어넘는 사례라고 평가할 수 있겠다.

이렇듯이 K팝 댄스가 서구·백인 중심의 무용사에서 인정을 받았다는 것은 학문적 의미는 물론, K콘텐츠가 '반짝 유행'이 아닌 글로벌 문화의 메인 스트림(Main stream;주류문화)으로서 자리매김하였다는 점에서 의의가 크다 하겠다. (2023.1.31)

제6장

BTS 이야기
- BTS와 아미 현상

BTS와 아미 현상(1)[1]

2013년 6월 13일 결성한 방탄소년단(BTS)은 전형적인 '언더독 (underdog, 게임 시합 등에서 승산이 적은 사람)'이었다. 원래 안무보다 는 노래와 랩에 집중하는 컨셉의 그룹으로서 청춘에게 쏟아지는 억 압과 편견을 막아내겠다 라고 하며 호기롭게 데뷔했지만 세상은 기 대만큼 그들을 반겨주지 않았다.

그야말로 변용과 융합을 거듭하며 오늘의 아이돌 형식이 갖춰지 게 되고 'BTS와 아미 현상'이 만들어지게 된 것이다.[2]

그 당시 중소 기획사인 하이브 엔터테인먼트 소속으로 든든한 '뒷 배'가 없던 BTS는 주류 미디어의 냉혹한 차별과 마주해야 했고 힙합 씬의 조롱, 모니터 속 네티즌들의 무시와 놀림에 지속적으로 시달려

---

1) 이지행, 『BTS와 아미 컬쳐』, 참조 인용, 커뮤니케이션, 2019. 이하 'BTS와 아미현 상'은 이지행 박　사의 글을 참조 인용하였다.
2) 월간중앙 기사 참조 인용

야 했다.

"아빠는 어렸을 때 어떤 사람이었어요?"라는 아이의 물음에 "응, 아빠는 방탄소년단이었어"라고 대답할 거냐는 비웃음의 댓글은 아직까지 회자되고 있다. 하지만 현재 이 댓글은 '이젠 전설로 바뀌었다'는 식의 또 다른 댓글이 달리면서 이른바 '성지화(聖地化)' 되었다.

방송 출연의 기회를 제대로 얻지 못한 BTS는 고민 끝에 당시 할 수 있었던 최선을 선택했다. 그것은 유튜브와 트위터 등 SNS를 이용해 무대 뒤의 모습과 일상을 대중들과 공유하는 것으로 공백을 메워갔던 것이다. 이러한 방식으로 BTS는 팬들에게 인간적으로 다가갔다.

연습생 시절부터 블로그에 영상 일기 형식의 '방탄 로그' 같은 자체 콘텐츠를 올리고 멤버들이 직접 트위터 계정을 운영하며 팬들과 소통했다. 이 때 BTS가 남긴 '기록'들을 살펴보면 연습생 생활을 하면서 또는 데뷔를 하고 나서 느꼈던 걱정과 불안, 설렘과 희망, 각오 등과 같은 '솔직한' 감정들이 한껏 녹아 있음을 발견할 수 있다.

'행동하는 팬덤'이라는 아미의 출발점은 'BTS를 지켜줄 수 있는 건 우리밖에 없다'는 아미들의 의식에서부터 시작되었다. BTS가 국내에서 활동 영역을 넓혀가던 2015~2016년을 아미들은 정말 힘들었던 시기라고 기억한다. 이 당시 BTS는 거대 기획사의 팬덤으로부터 '사재기'나 '표절'과 같은 각종 악성 루머의 공격에 시달려야만 했다.

그 뿐만 아니라 2016년 5월 7일 BTS의 콘서트가 있었는데 이 콘서트에 맞춰 계획된 다른 거대 기획사의 팬덤 연합이 주도하는 음모적 트위터 '실트 총공(실시간 트렌드 총공격)', 그리고 BTS의 'WINGS' 앨범 발매에 맞춰서 해외 K팝의 또 다른 팬덤이 주도한 'Break Wings(일명, 날개 꺾기)' 음모 프로젝트를 아직도 잊지 못한다고 한다.

다른 팬덤들의 지속적인 괴롭힘에 참다못한 미국 아미들은 결국 다른 K팝 팬들로부터 독립을 선언하기에 이른다. "우리는 K팝이 아니라 BTS만 좋아한다"며 해시태그(#ARMYsIndependenceDay)를 만들어 대내외에 공표하기에 이른 것이다. 그 날짜는 2018년 10월 15일로서 팬들 사이에서는 '아미 독립기념일'로 불린다.

BTS는 데뷔 이 후 2022년까지 약 8년간 활동하면서 글로벌 단위로 유례없는 기록들을 세우고 있다. BTS는 2017년 글로벌 팝 시장에 진출해 2년 만에 앨범 4장이 미국 앨범차트 1위에 오르며 비틀스이래 몇 안 되는 기록의 보유 그룹으로 올라섰다.

2020년에는 싱글 '다이너마이트'를 발표해 빌보드 글로벌 200과 미국 빌보드 핫 100에서 1위를 달성한 최초의 한국 가수가 되었다. 이후 'Savage Love', 'Life Goes On', 'Butter', 'Permission to Dance'가 잇따라 미국 차트 1위에 오르면서 팝의 황제 마이클 잭슨과 견줄 만한 메가톤급 빅 스타로 성장했다.

BTS는 국내외의 권위 있는 각종 시상식에서 662회의 후보 지명에 460건을 수상하는 실적을 거두었다. 빌보드 뮤직 어워드, 아메리칸 뮤직 어워드 등에서 수상했고 그래미상 후보에도 올랐으나 아쉽게도 수상은 못 했다. BTS는 국내 역사상 가장 많은 상을 받은 아티스트로 기록되었다.

BTS가 세운 경이로운 성과들은 기네스북에 25개의 세계기록으로 남게 되었다. 그 기록의 내용은 '가장 많은 트위터 팔로워', '유튜브에서 24시간 동안 가장 많이 본 비디오/뮤직비디오' 등이다. 실제로 BTS는 디지털 시대의 플랫폼을 기반으로 세계로 뻗어나가고 시대를 대변하는 시그니처 팝 그룹의 반열에 오른 것이다.

2022년 1월 기준으로 BTS의 유튜브 동영상을 가장 많이 본 사람들을 국가별로 나눠보면 일본이 약 1억2000만 조회 수를 기록해 가장 뜨거운 관심을 보였다. 이어 인도가 1억1000만 회, 멕시코가 6700만 회, 미국은 5960만 회, 인도네시아가 5910만 회이다. 그리고 한국은 4320만 회, 필리핀은 4150만 회, 브라질은 3700만 회, 태국은 3480만 회, 베트남은 2280만 회의 순이었다.

방탄소년단의 거대한 수치들은 경제 규모로도 환산된다. 그들의 경제적 생산유발 효과는 연평균 5조원 규모로 추산되었다. 포브스는 46억5000만 달러(5조 1800억원)로, 현대경제연구원도 이와 비슷하게 5조6000억원으로 산출했다. 한국 GDP의 0.2% 수준이다.

현대경제연구원은 BTS의 인기를 구글 검색량으로 측정하고, 인지도가 1포인트 만큼 올라갈 때마다 옷 · 화장품 · 음식 수출액이 얼마나 올랐는지 등을 측정했다.

그 결과 BTS의 인지도가 1포인트 증가할 때마다 당월 주요 소비재 수출액이 의복류 0.18%p, 화장품 0.72%p, 음식류 0.45%p 증가효과가 발생한다는 계산이다. 현대경제연구원은 BTS가 데뷔한 2014년부터 2023년까지 창출한 경제효과는 약 56조원으로 추산하고 있다. 이같은 경제효과에 아미의 영향력이 크게 작용했을 것이다. (2023.1.3)

BTS와 아미 현상(2)

BTS와 아미가 만들어가는 상호 협력적 관계는 이제 우리 시대의 '현상'이 되었다.

'현상'은 사물이나 어떤 작용이 드러나는 바깥 모양새라고 한다. 아미의 현상은 스타를 향한 취향 팬덤을 뛰어넘는 글로벌 문화 활동에 가깝다. 자발적 연대로 생겨난 팬덤으로서 차별에 저항하는 집단 지성이 구현되는 아주 드문 사례라고 할 수 있다.

집단 지성 중에서도 결속과 교류가 이루어질 수 있는 장으로서의 '사이버 공간'을 코스모피디아로 부르고 있는데 아미 현상이 가능한 이유는 코스모피디아에서 개개인의 발화가 집단에 매몰되지 않고 서로의 자리에서 보완하는 역할을 충실히 하기 때문일 것이다.[1]

---

1) 이지행, '앞의 책' 참조 인용

아미는 이미 BTS만의 팬덤이라고 선언했듯이, BTS가 잘 되기를 바라는 마음, 열광, 기쁨, 기원(care) 등의 마음에서 출발한 것이다. 그렇기 때문에 사물이나 어떤 작용의 옳고 그름의 문제가 아닌 사랑, 보살핌, 열광으로 시작한다.

그 이유는 팬덤들이 공유하는 사랑의 대상이 있고 그 대상인 BTS가 원치 않는다면 싸우다가도 결국에는 뭉친다. 또 그 대상이 추구하는 선한 메시지를 공유하고 같이 가고 싶어 하면서 긍정적인 방식으로 정치 사회에 적극 참여한다. 이런 것들이 집단에 매몰되지 않고 서로 보완하는 '코스모피디아'에 해당된다고 볼 수 있는 대목이다.

아미는 주로 트위터, 인스타그램, 유튜브를 활용하며 교류한다. 이런 플랫폼은 수평적 문화를 만들며 자발적 여론을 형성하게 된다. 소위 보텀업(bottom-up) 방식의 점조직의 구조인 것이다.

일례로 월간중앙 기사에 의하면 아미가 '히잡 착용은 강요가 아니라 아랍 여성들의 선택'이라는 캠페인을 벌인 적이 있다. 이 때 전 세계 아미들을 위한 소통과 이해를 돕기 위해 번역 계정 트위터가 별도로 운영되었다. 이런 경우 보통 다른 팬덤의 경우에는 특정 커뮤니티나 팬 카페 집행부끼리 방향성을 결정하게 되는데 그러한 체계와는 결이 전혀 다르다는 것이다.

2022년 7월 14일부터 16일까지 한국외국어 대학교에서 개최된 "BTS학술대회"가 개최되었다. 이것은 주로 아카팬(aca-fan) 아미들이 주축이 되어 기획한 컨퍼런스로서 사흘 간 총 25개국에서 500여 명이 참여하였다. '아카팬'이란 뜻은 특정한 대상에 대한 팬이자 연구자인 학자들을 가리키는 말이다.

아카팬으로서 "BTS학술대회"에 참가했던 이지행 박사의 말에 의하면 "아미는 모든 사소한 사안에 대해 의견이 엇갈리고 자기들끼리 싸운다. 안 그러면 오히려 이상한 것이다"라고 말한다.

그 대표적 사례가 2018년 빚어진 BTS와 일본 작곡가 아키모토 야스시의 협업을 둘러싼 찬반 논쟁이다. 당시 한국 아미들은 BTS가 친일 프레임에 얽힐 것을 우려해 결사 반대했다. 해외 아미들은 "회사와 아티스트의 예술적 판단에 팬이 왈가왈부할 사안이 아니다"라며 "토론 없이 보이콧하는 행태는 파시즘과 다를 바 없다"라고 한국 아미를 비판했다.

최종적으로 BTS의 소속사는 우익 성향과 여혐(女嫌) 논란에 휩싸인 일본 작곡가와의 협업을 백지화했다.

이지행 박사는 아미가 다른 팬덤과 다른 이유는 '성찰'이 가능한 팬덤이기 때문이라고 말한다. 과거 BTS의 한 멤버가 원폭 티셔츠를 입어 한일 간 갈등 상황이 부상하게 되었다. 이 때 한국 팬, 일본 팬, 미국 팬, 동남아 팬 등이 각 나라의 입장에서 자기네들의 과거사를 거론하며 분란이 일어났는데 역사적 지식이 있는 아미가 논문 수준의 백서를 쓴 적이 있다.

그 과정에서 서로가 몰랐던 자기 나라의 역사적 사실들을 새로 학습하는 계기가 되었다고 한다. 이렇게 검증된 사실에 근거한 자료를 제시하자 더 악화될 수도 있었던 사안이 서로 배우고 성찰하는 계기가 되었다고 한다.

아미의 '성찰'은 BTS 멤버 자신들이 뭔가를 실수하면 그것을 되돌아보고 또 거기에서 배우고 그리고 성장하는 모습을 지속적으로 보여준 것에서 영향을 받은 탓이기도 하다.

아미의 또 다른 특징은 '상호 케어'라고 이지행 박사는 강조한다. 오직 아티스트에게만 향해 있는 팬덤이 아니라 '아미'는 팬들 간에도 상호 케어가 활발히 이뤄지고 있다. 예를 들어 커리어(career)를 자문해주는 계정을 두고 아미끼리 서로 연결해 주기도 한다. 그리고 국제적인 일에 서로 매칭 해주는가 하면 한국어를 가르쳐주는 계정도 있고 심리 상담 전문가들이 참여하고 있는 계정도 있다.

특히 자살 충동이 생긴 아미에게 24시간 상담을 해주는데 의사 아미, 변호사 아미 등의 전문직도 참여하여 서로 도와주는 등 사례가 많다고 한다. 이와 같이 언제라도 아미에서 이탈할 수 있지만 팬덤 내 서로 케어 해주는 힘 때문에 아미의 결속력은 특별한 관계로 유지된다는 것이다.

이번 〈BTS 학술대회〉에서 가장 많이 언급된 말은 '힐링'이었다. 아미는 종군위안부 할머니를 위한 기부 활동을 비롯해 다양한 사회적 목소리를 내고 있다.

정덕현 문화평론가는 "아미는 보통 팬덤과는 다르다"고 말한다. 그러면서 "일부 스타 팬덤은 윤리적 판단이 아니라 맹목적 추종을 한다. 그러나 아미는 '하이브'에 잘못된 점이 발생하면 기탄없이 지적하며 좋은 방향으로 나가자고 말한다."고 하면서 "이런 아미의 활동 자체가 팬덤보다는 글로벌 문화 활동에 가깝다."고 정덕현 문화평론가는 주장한다.

이지행 박사도 "BTS에 공감하는 SNS로 연결된 글로벌 시민이 모여 최선을 다한 결과가 지금 아미의 모습"이라고 정의했다.

BTS를 지킨 아미의 피·땀·눈물의 9년은 역사상 가장 강력한 팬덤으로 '더 나은 세상 만들기'에 동참한 역사라고 할 수 있겠다.
(2023.2.28)

BTS와 아미 현상(3) – 사회적 문화 활동

BTS와 아미 현상(1)은 '아미 탄생'에 대한 이야기, (2)는 '아미의 특징'에 대해 이해를 돕기 위한 이야기를 다루었다.

BTS와 아미 현상(3)에서는 아미(Army, BTS 공식 팬클럽)가 세계 각국에서 벌이고 있는 다양한 사회적 문화 활동에 대해 살펴보고자 한다. 이는 그동안 피와 땀, 그리고 눈물로 BTS를 지킨 역사상 강력한 아미 팬덤의 역사이기도 하지만 '더 나은 세상 만들기'에 동참한 세계사적 사건이기도 하기 때문이다.

이러한 아미의 활동은 전세계 풀뿌리 운동 에너지원으로서 BTS 팬덤 '아미 엑티비즘'이라고도 부른다.

아미는 한국의 종군위안부 할머니를 위한 기부 활동을 비롯해 다양한 사회적 목소리를 내고 있다. 아미는 보통 팬덤과는 다르다. 일부 스타 팬덤은 윤리적 판단이 아니라 맹목적 추종을 한다. 그러나 아미는 BTS의 소속사인 '하이브'에 BTS와 관련한 제작상의 잘못된 점이 발견되면 기탄없이 지적하며 좋은 방향으로 나갈 것을 권유하기도 한다. 아미의 활동 자체가 팬덤 보다는 글로벌 문화 활동에 가깝다. SNS로 연결되고 BTS에 공감하는 글로벌 시민이 모여 최선을 다한 결과가 지금 아미의 모습이라고 할 수 있겠다.

아미는 BTS와 함께 희로애락을 느끼고 있다. BTS는 뮤지션으로서 힘들어 하는 약한 모습까지 보여준다. 그런 BTS의 진솔함을 만나면 내 삶이 바뀐다는 공감대가 형성되고 있는 것이다. 이러한 바탕에서 역사상 가장 강력한 팬덤으로 '더 나은 세상 만들기'에 아미들이 동참하고 있는 것이다.

강력한 팬덤 아미를 뒷배로 둔 BTS는 '최초', '최고', '최장'이라는 기록으로 세계음악사를 경신하고 있다. BTS는 "우리가 특별하다고 생각하는 점은 '특별한 팬'을 만난 것"이라며 공연 또는 공식석상에서 늘 아미를 호명하고 이들에게 고마움을 표현한다.

2021년 11월 21일 AMA(American Music Awards) 3관왕에 오른 직후 BTS의 RM은 "모든 것이 기적 같다. 전 세계 아미의 사랑과 지지 덕분"이라고 말했다. 또한 BTS의 진은 "아미가 우리의 우주"라고 말하며 아미에게 공을 돌렸다.

2021년 11월 28일(미국 현지시간) 미국 LA 소파이 스타디움에서 2년 만에 콘서트를 재개한 BTS는 아미와의 연대를 다시 강조했다.

이 자리에서 리더인 RM은 아미를 향한 진심을 이렇게 전했다.

"여러분이 저희 존재의 증명입니다. 여러분이 저희의 가치, 저희의 슬픔, 저희의 사랑, 저희의 평화, 저희 모든 것의 증명입니다. 저희가 총알(bullet)이고 여러분이 저희의 증명(proof)이니까 저희는 진정으로 방탄(bulletproof)이 될 수 있습니다."

전 세계적으로 아미의 숫자가 어느 정도인지 정확히 알려진 것은 없다. 아마도 한국의 인구를 웃돌 것으로 추정할 따름이다. 2022년 1월 5일 기준 유튜브 [BANGTANTV] 구독자의 수는 약 6270만 명, 'bts. bighitofficial' 인스타그램 팔로어의 수는 약 5830만 명, BTS 멤버들의 공용 트위터 계정(@BTS_twt) 팔로어의 수는 약 4300만 명이다. 성별과 연령대와 인종, 언어, 국가, 문화까지 모두 포함한 아미의 다양한 인구통계학적 분포는 'BTS와 아미 현상'이 세계적으로 일어나고 있다는 방증이다.

아미들은 BTS의 음악 속 메시지와 성장 스토리에서 영감을 얻어 변화에 대한 열망을 품었고 이를 개인의 삶에서 사회 전반에 대한 변화의 열망으로 확장시켰다. 아미들은 스스로를 방탄의 '게릴라'라고 부르며 BTS 앞에 놓인 거대한 벽에 망치질하기 시작했다.

아미는 '음악을 통해 더 나은 세상을 만들자'는 BTS의 철학에 연대하며 '선한 영향력' 행사에 동참하고 있다. 아미들의 기부 릴레이가 대표적이다. 2021년 10월 6일 유니세프는 BTS와 공동으로 진행한 러브 마이셀프(LOVE MYSELF) 캠페인으로 4년간 기부금이 360만 달러(약 42억9000만원) 모였다고 밝혔다. 이 캠페인은 2017년 아동·청소년에 대한 폭력 근절 등을 주제로 시작되었는데 BTS는 음악, 유엔 총회 연설, 인터뷰, SNS 등의 다양한 경로를 통해 전 세계에 희망의 메시지를 전했다.

여기에 공감한 아미들은 적극적으로 기부와 선행에 동참했는데, 이 과정에서 'OneInAnARMY(OIAA)'라는 글로벌 아미 기부단체도 탄생하게 되었다. 2018년 '큰 팬덤이 커다란 변화를 만든다'라는 슬로건을 걸고 출범한 OIAA는 "많은 사람이 적은 금액을 기부할 때 큰 영향력이 발휘 된다"라고 말하며 아미들의 소액 기부를 주도하는 방식으로 현재까지도 활발하게 활동 중이다.

BTS와 아미의 기부는 선순환 구조이다. BTS의 기부 캠페인에 동참하던 아미들은 이제 직접 나서 'BTS'의 이름으로 기부를 하고, 이를 본 BTS는 다시 '아미'의 이름으로 기부를 한다. BTS의 슈가는 2015년 팬 사인회에서 팬들에게 "돈을 많이 벌어서 소고기를 사주겠다"고 말하며 3년 후 자신의 생일에 그 약속을 지키겠다고 했는데, 실제 2018년 3월 9일 자신의 생일에 '아미' 이름으로 보육원 39곳에 1등급 한우를 기부하여 감동을 준 사실도 있다.

이렇게 점조직으로 이루어진 아미에서 이러한 기부 자금이 기꺼이 나온다는 것은 그만큼 내부의 신뢰감이 돈독하기 때문이다. 이지행 박사는 "연대하면서 승리를 이끌었던 경험은 엄청난 경험"이라고 말한다. (2023.3.14)

BTS와 아미 현상(4) - 사회적 문화 활동

'더 나은 세상 만들기'에 동참한 아미의 활동은 전 세계 풀뿌리 운동 에너지원으로서 BTS 팬덤 즉 '아미 엑티비즘'이라고도 부른다. 이렇게 성별과 연령대와 인종, 언어, 국가, 문화까지 모두 포함한 아미의 다양한 인구통계학적 분포는 'BTS와 아미 현상'이 세계적으로 일어나고 있다는 방증이기도 하다.

그렇다면 아미들의 나라들은 어떻게 분포되어 있고 연령대 및 사회적 수준과 직업 등은 어떠한 지 살펴보고자 한다.

아미들은 자체적으로 2022년 4월 1일부터 5월 31일까지 전 세계에서 '2022 아미 인구통계조사(ARMY CENSUS)'를 실시한 적이 있다. 아미센서스(btsarmycensus.com)가 전 세계의 아미 중 50만 명 이상을 대상으로 온라인 조사를 진행한 것이다.

100개국 이상에서 아미들이 응답하였고 주최 측은 질문지를 총 36개국의 언어로 번역하였다고 한다. 설문지의 응답자 별로 분포되어 있는 상위 20개국은 멕시코(18.6%), 페루(7.1%), 인도네시아(6.8%), 미국(4.8%), 아르헨티나(4.2%), 콜롬비아(4.0%), 브라질(4.0%), 러시아(3.4%), 인도(3.1%), 필리핀(3.1%), 에쿠아도르(2.7%), 칠레(2.6%), 중국과 홍콩(2.2%), 볼리비아(1.8%), 한국(1.8%), 과테말라(1.8%), 태국(1.5%), 대만(1.5%), 이집트(1.2%), 일본(1.1%) 순으로 나타났다.

위의 데이터 중 한국은 1.8%인데 이는 한국의 전체 아미 중 1.8%만이 응답을 하였다는 의미이다

아미가 된 '입덕' 연도를 묻는 질문을 하였다. 그 질문에는 2020년(23.90%)이 가장 많았으며 이어 2021년(16.53%), 2019년(15.65%), 2018년(13.08%), 2017년(12.07%) 순이었다.

연령별로는 18세 이하가 30.30%이었으며 그 다음 절반 이상이 18~29세(53.63%)이었다. 소수 집단으로는 30대(9.31%), 40대(4.49%), 50대(1.83%), 60세 이상(0.43%) 순이었다.

이와 같이 응답자 중 18세 이상이 70%를 차지하지만 전반적으로 아미는 실제로 다양한 연령층으로 구성되었다는 것을 확인시켜주고 있다.

흥미로운 사실은 응답자 중 6만 3,837명이 아이가 있는 부모였다는 것이다. 한편 성별은 여성이 96.23%로 압도적인데 이는 2020년

도의 86.34%에 비하면 여성 비율이 많이 늘어난 셈이다. 남성의 비율도 1.35%로서 7,575명인데 이렇게 적게 나타난 이유는 많은 남성 아미의 응답률이 저조한 탓으로 보여진다.

아미의 교육수준을 질문하였다. 그랬더니 고교생 이하 재학생이 17.66%였고, 고졸은 27.99%로 가장 많았으며, 대졸 23.57%, 석사 3.39%, 박사 0.70%로 나타났다. 아미 5명 중 1명은 대학 학사 학위 이상의 취득자인 것으로 나타난 것이다. 즉 아미의 경우에는 33% 이상이 대학 학위 이상인 것으로 나타났으며 박사 학위자도 4000여 명에 달한 것으로 집계되었다. 법대, 의대 등 전문대도 5.42%에 달했다.

아미의 취업 상태 즉 직업과 관련해서는 학생, 미취업이 53.76%, 풀타임 취업이 18.11%, 자영업 7.40%, 코로나로 인한 실업은 1.45%, 은퇴는 0.46% 순이었다. 직업군별로 살펴보면 교육, 의료, 엔터테인먼트/미디어, 서비스, 예술, 소매, 컴퓨터/소프트웨어, 금융/보험, 마케팅, 엔지니어 순으로 다양한 분포를 보이고 있다.

사회적 문화 활동의 일환인 BTS의 기부 활동을 살펴보면, 2020년 블랙라이브매터(Black Lives Matter) 캠페인에 100만 달러(12억 3000만원)를 기부했고 아미도 #MatchAMillion 해시태그를 활용해서 24시간 만에 크라우드 펀딩으로 같은 금액을 기부했다.

팬데믹으로 인하여 생긴 실직자를 위한 Live Nation's Crew 캠페인에 100만 달러, 한국의 코로나19 구호활동에 4억 원을 기부했고, BTS 멤버 J-hope은 어린이 재단에 약 1억원을 기부했다.

이렇게 기부를 이어오게 된 배경에는 항상 BTS의 메시지가 있다. BTS는 2021년 5월 미국 백악관을 방문해 아시안 혐오범죄에 대해 목소리를 내며 "옳고 그름이 아닌 '다름'을 인정하는 것으로부터 평등은 시작된다"고 강조했다. 그들은 평등을 위해 "목소리를 낼 수만 있다면 항상 내고 싶다"고 했다. 아미의 기부는 이 같은 BTS의 의지를 좇아가고 있는 것이다.

아미의 기부를 조직하는 대표적인 단체인 원인언아미(OIAA)의 멤버 에리카는 "유니세프와 함께 'LOVE YOURSELF' 프로젝트를 시작한 BTS는 폭력과 왕따에 반대하는 운동을 시작하면서 그들이 움직이고 있다는 것을 보여주었다. 생일선물을 받지 않겠다는 BTS에게 아미들은 더 좋은 방법으로 그들을 사랑한다는 것을 보여주고 증명하기도 했다. 그 힘과 에너지로 다른 사람들을 돕기 위해 세계적인 자선 모금 팬덤을 꾸리게 됐다"고 설명하였다.

OIAA는 모든 자선활동의 중심점은 팬덤 아미에 있다고 본다. BTS뿐 아니라, 이 같은 행동을 가능하게 하는 공동체로서의 아미를 존중하는 것이다. '기부 액수'보다 '기부를 하는 아미의 영향력'이 측정된다고 믿는 것이다. (2023.3.28)

BTS와 아미 현상(5) - 문화적 사회 활동

　한국 가수 최초의 빌보드 메인 앨범 차트 1위, 전 세계 스타디움 공연 매진, 빌보드 뮤직 어워드 본상 수상, 유엔총회 연설, "타임"지(誌) 표지, 문화훈장 수상, 그래미 노미네이션 등 지금까지 BTS가 이룩한 일들에는 모두 '한국 최초'라는 수식어가 따라 붙는다.

　다시 말해 우리는 BTS의 모든 행보에서 한국 대중음악계의 역사를 실시간으로 목격하고 있다.

　최근에는 BTS 멤버 지민이 한국 솔로 가수 중에는 처음 미국 빌보드 메인 싱글차트 핫100에서 1위를 차지했다. 지민은 2023년 3월 24일 발매한 첫 솔로 앨범 페이스(FACE) 타이틀곡 '라이크 크레이지(Like Crazy)'로 지난 4월 3일(현지시간) 빌보드 메인 싱글차트 '핫100'에서 1위를 차지한 것이다.

우리나라 솔로 가수 중에 지금까지 가장 높은 순위는 2012년 싸이가 강남스타일로 기록한 2위이다. 그 당시 싸이의 '강남스타일'은 7주 동안 계속 2위를 유지하는 기록을 남겼다. 그런데 지민은 BTS 멤버의 일환으로 그동안 빌보드 핫100에 1위로 6번 올랐다.

BTS는 최근 10년간 빌보드 메인 싱글 차트 핫 100에 1위로 가장 많은 곡이 올라간 그룹인데 BTS의 아티스트로써 지민은 그룹과 솔로에서 모두 1위를 차지하는 기록을 세우게 된 것이다.

이와 같이 BTS가 경이로운 기록을 세울 수 있게 만든 원동력은 과연 무엇일까. 전세계 언론이 한결같이 지목하는 것은 바로 그들의 팬덤인 아미(A.R.M.Y. Adorable Representative MC for Youth)이다.

앞에서 여러 번 언급했듯이 이들은 BTS의 음악과 콘텐츠를 소비할 뿐만 아니라 BTS가 음악에 부여한 메시지를 체화(體化)하고 적극적으로 전파한다. 이러한 아미의 강력한 결속력은 BTS에 대한 신뢰와 신념의 바탕에서 열렬한 감성을 공유하면서 나타나는 결과라고 볼 수 있다.[1]

2018년 5월, 결코 한 문장으로 보기엔 어울리지 않는 단어들로 구성된 이질적인 해시태그가 트위터에 떴다. #StreamFakeLoveToEndTrump'sAmerica인데, 번역하면 '트럼프의 미국을 끝장내기 원한다면 (BTS의) 〈Fake Love〉를 스트리밍 하라'이다. 사람들은 이

---

[1] 이지행, '앞의 책', 참조 인용

뜻밖의 해시태그에 어리둥절해 했으나 마침내 그 의미를 알게 되면서 무릎을 쳤다.

그 당시는 BTS의 새 앨범 "LOVE YOURSELF 전(轉) 'Tear'"가 발매된 시기인데 그 때의 빌보드 앨범 차트는 이미 몇 주 전부터 미국의 백인 래퍼인 포스트 말론(Post Malone)이 지배하고 있는 상황이었다. 포스트 말론의 음악 내용은 마약, 무기력한 멜랑콜리, 패배주의와 냉소주의가 주를 이루고 있었는데 이러한 부정적 내용은 트럼프가 지배하며 나타나는 미국의 부정적 징후들과 함께 하면서 비판하는 여론들이 형성된다.

이런 것들이 계기가 되어 반 트럼프 주의자들이 목소리를 내기 시작한다. 또한 흑인의 영혼이 담긴 랩 장르를 영혼 없이 전유(專有)하는 백인 래퍼 포스트 말론에 반감을 가진 흑인 아미들이 이 해시태그를 주도하며 이끌게 된다.

그들은 새 앨범을 낸 BTS가 빌보드 차트에서 포스트 말론을 밀어낼 적임자라고 판단한 것이다. 그 후에 그들은 BTS의 신곡을 선도적(先導的)으로 스트리밍하기 시작했다.

여기에서 〈Fake Love〉은 BTS의 세 번째 정규 음반인 "LOVE YOURSELF 전(轉) 'Tear'"의 타이틀 곡이다. 뮤직 비디오가 나온 후 10일 만에 유튜브 1억의 조회 수를 기록했다고 한다.

2019년 11월 경에는 이탈리아 래퍼인 세이엘(Seiell)의 노래 "Scenne nenne"가 〈Fake Love〉를 표절했다는 논란이 퍼져 나갔다. 이에 아미도 해명을 요구하면서 현재 유튜브에서 비공개 처리되었고 음원 스트리밍 사이트에서도 들을 수 없는 상태이다.

위의 사례들은 자신도 모르는 사이 국내외의 굵직한 정치적 이슈에 캐스팅 보트로 자리한 BTS와 팬덤 아미의 현재를 보여 준다. 이 두 사건은 그들이 맹렬한 정치적 이해가 부닥치는 자리에서 일종의 상징으로 작용할 만큼 중요한 존재라는 것을 입증하고 있다.

그 동안 팬덤 아미는 국내 정치인, 일본 극우세력, 유대인 인권단체 등 결코 녹록치 않은 집단들을 상대로 자신의 스타를 지켜내기 위해 숱하게 부닥치고 싸워 왔다. 팬덤이 정치적 영역에서 자신들의 목소리를 내는 것이 흔한 일은 아니지만, 여러 가지 상황으로 미루어 보았을 때 이례적인 사건인 것만은 틀림없다.

팝 음악의 변방으로 여겨졌던 한국의 BTS는 국내 외 굵직한 정치적 이슈의 한가운데서 상징적으로 사용되고 소비되고 있다. 정치, 경제, 사회가 유기적으로 작동하는 작금의 전반적인 문화적 지형에서 BTS는 이와 같이 존재감을 보이고 있다. BTS가 빌보드 앨범 차트에서 1위를 한 것에 축전을 보낸 한국의 대통령이 '꿈을 이룬 아미에게도 축하를 전합니다'라는 메시지를 전하기도 했다.

이 현상의 중심에 올라선 BTS와 아미는 달걀이 먼저냐 닭이 먼저냐 할 정도의 밀접한 관계가 지속되면서 문화적 사회 현상을 창조해 나가고 있는 것이다. (2023.4.11)

BTS와 아미 현상(6) - 문화적 사회 현상 창조

팝 음악의 변방으로 여겨졌던 한국의 BTS는 국내 외 굵직한 정치적 이슈의 한가운데에서 상징적으로 사용되고 소비되고 있다. 정치, 경제, 사회가 유기적으로 작동하는 작금의 전반적인 문화적 지형에서 BTS는 이와 같이 존재감을 보이고 있는 것이다.

이러한 현상의 중심에 올라선 BTS와 팬덤 아미의 관계는 달걀이 먼저냐 닭이 먼저냐 할 정도의 밀접한 관계가 지속되면서 문화적 사회 현상을 창조해 나가고 있다.

실제로 2019년 "MAP OF THE SOUL: PERSONA" 앨범 발매 기자회견장에서 멤버 슈가는 BTS의 특별한 점이 대체 무엇이냐는 질문에 "특별한 팬들을 만난 게 우리의 특별한 점이 아닌가 싶다"며 아미의 특별한 점을 BTS가 성공한 이유로 꼽았다.

그뿐만 아니라 멤버 지민은 아미와 자신들은 서로 긍정적인 영향을 주고받으며 상생하는 관계라는 요지의 말로 팬덤 아미에 대한 두터운 신뢰를 내보였다.[1]

참고로 "MAP OF THE SOUL: PERSONA"는 2019년 4월 12일에 발매된 BTS의 여섯 번째 미니 음반이다.

이 음반의 타이틀 곡은 "작은 것들을 위한 시(Boy With Luv)"이다. 이 작품에는 RM, 슈가, 제이홉, RM, 방시혁 등이 참여하였다.

그뿐 아니라 BTS의 독특한 점은 인류 공통의 고민에 대한 공감과 위로, 그리고 격려가 메시지에 있다는 것이다. 특별히 사람들의 자존감을 세워주려는 메시지가 전 세계 아미들의 마음을 흔들고 있다.

BTS의 가사에 자주 등장하는 단어는 '사랑', '꿈'. '도전'과 '괜찮아' 등인데 그 중 '사랑'의 의미는 남녀의 사랑보다는 '자기 자신에 대한 사랑과 인정, 지지'를 뜻하는 경우가 대부분이다. 어찌 보면 이런 가사에 호응하고 환호하는 것은 이와 같은 메시지에 세계 아미들이 목말라했다는 방증이기도 할 것이다.

2018년 9월 BTS는 유엔에서 그들의 브랜드 메시지가 된 "러브 유어셀프(Love yourself)"의 내용으로 다시 한번 연설하며 많은 이들의 공감과 환호를 받았다.

---

1) 이지행, '앞의 책', 참조 인용

BTS의 유엔 연설문은 학교의 수업 교재로도 활용될 정도였다고 한다. 자신의 존재에 대한 이유를 묻고 고민하는 청소년들에게 큰 위로가 되었다고 생각한다.

BTS는 3년째 유니세프와 함께 '러브 마이셀프(LOVE MYSELF) 캠페인'을 진행하면서 지구촌 곳곳에서 개최한 공연 수익을 자선 활동과 함께 기부하고 있다.

세계 각국의 초청을 받는 유명 음악 그룹으로서 과거 비틀스의 영향력을 넘어선다는 평가까지도 받고 있다.

이와 같이 BTS의 파급력이 강력한 것은 아름다운 곡과 퍼포먼스도 한몫하고 있지만 더 큰 요인은 그들이 보내는 메시지 때문이다. 자신을 믿고 사랑하고 열정으로 도전하라는 BTS의 노래는 세계 청소년들을 향한 위로와 힘의 메시지가 되고 있다.

우리가 아이들을 키우며 늘 입에 붙이고 살아야 할 메시지를 음악을 통해서 우리 가슴을 울리고 있는 것이다. 이렇게 메시지대로 살아가려 노력하는 BTS를 보며 전 세계 BTS 아미들은 그들과 함께 성장하고 있다.

자존감이란 자신이 사랑받을 만한 가치 있는 소중한 존재이고 어떤 성과를 이루어낼 만한 사람이라고 믿는 마음이다. 이런 마음에서 자신감과 도전 의식이 생긴다. 『그릿』의 저자 앤젤라 더크워스는 성공한 사람들의 특징은 자신의 한계에 낙담하지 않고 끊임없이 도전하는 정신에 있다고 말한다.

그러한 공감대를 형성하는 근원적 배경에는 전 세계 아미들이 서로 같은 불안을 공유하는 현실과 무관하지 않다. 신자유주의 체제는 코로나19 이후 더 큰 빈부의 양극화를 불러왔다. 지금의 청년세대는 부모 세대보다 더 가난한 최초의 세대가 될 것으로 보는 사람들이 많다.

이 우울한 시대에 BTS는 구원과 위안의 메시지를 건네고 있는 것이다. "삶은 아이러니로 가득하고 모든 좋은 투쟁과 눈물의 결과다 … 팬들의 에너지와 우리의 에너지가 만나서 아이러니를 극복해야 한다." "스스로를 사랑한다는 것이 무엇일까? 내가 팬들을 이용해 스스로를 사랑하는 법을 배웠듯이 여러분도 스스로를 사랑하는 법을 배우기 위해 BTS를 이용하라."

미국의 「포브스」, 영국의 「BBC」, 프랑스의 「르 피가로」 등 세계 주류 언론은 BTS를 '21세기 비틀스'로 비교하고 수식한다. 이것은 세상을 더 나은 방향으로 바꿀 수 있는 영향력 면에서 2020년대 BTS와 1960년대 비틀스가 닮았다는 의미이다. 이지영 교수는 "새로움의 측면이 아니라 공감의 측면이 포인트"라고 잘라 말한다.

이지영 교수[2]는 "BTS는 세대의 구분을 넘어서 이 시대를 살아가고 있는 사람이라면 누구나 공감할 만한 굉장히 보편적인 메시지를 말한다"며 "누구나 할 수 있고 그리 특별한 이야기는 아니다. 그러나 지속적으로 꾸준히 메시지를 전달한 진정성이 전달되며 메시지의 파급력이 더 커지는 것 같다."라고 말한다.

이러한 BTS의 건전한 메시지는 기성세대의 K팝에 관한 거부감을 부드럽게 완화시킨다. '우리 아이에게 소개해줘도 해롭지 않다'는 믿음을 지닌 중년층, 노년층 아미가 BTS 콘서트에 의외로 많이 참여하는 이유이기도 하다. 공동체를 통한 위로와 공감이라는 측면에서 아미는 일정 부분 종교의 순기능을 떠올리게도 한다.

이지행 박사는 "아미의 활동은 나를 성찰하고 나의 변화로 주변이 1인치라도 좋아지는 열렬한 애정과 신념으로 나타난다"고 규정하였다. (2023.4.25)

<hr>

2) 이지영, 한국외국어대학교 세미오시스 연구센터(HK연구교수). '이지영의 대중문화와 철학' 중에서 참조

마음의 근력으로 빚어진 '한류'
-BTS와 아미 현상(7)

먼저 앞 항목에서 언급한 책 "그릿"을 간단히 소개하고자 한다. 그이유는 BTS와 아미의 정신과 "그릿"의 그 내용과는 너무 닮아 있기 때문이다.

"그릿"은 2016년 출간 이후 아마존 베스트셀러 1위에 오르면서 교육, 산업, 방송할 것 없이 전 세계적으로 신드롬을 일으킨 책으로서 소위 성공에 있어서 가장 중요한 태도인 열정, 노력, 끈기의 가치를 우리에게 다시 상기시켜주고 있다.[1]

말콤 글래드웰이 쓴 추천사에 의하면 "그릿"은 성공하는 사람을 구분 짓는 특성 중 '열정'과 '끈기'라는 단순한 진리를 우리에게 다시

---

[1] 그릿, '네이버'검색 참조 인용

한 번 상기시켜주고 있다고 말한다. 수십 년간 찾아온 '성공의 비밀'을 과학적으로 증명하며 우리가 어떻게 우리 자신의 의지를 통해 목표를 이뤄낼 수 있을지를 보여주고 있다.

'그릿'의 뜻은 포기하지 않고 노력하는 힘이며 역경과 실패 앞에서 좌절하지 않고 끈질기게 견딜 수 있는 '마음의 근력'을 의미한다.

누구나 중요하다고 생각만 할 뿐 그것이 성공에 있어서 어떻게 작용하는지 알지 못했던 '그릿의 힘'을 저자는 10년에 걸친 연구 결과와 실증 사례들, 각계각층 사람들과의 인터뷰를 통해 생생하게 보여준다.

나아가 우리가 마음의 근력인 '그릿'을 어떻게 기를 수 있는지 이 책에서 명쾌하게 제시한다.

열정과 끈기의 산물인 '그릿의 힘'은 역경과 실패 앞에서 좌절하지 않고 끈질기게 견디며 마음의 근력으로 빚어진 '한류'와 쌍둥이처럼 닮은꼴이라고 말할 수 있을 것이다.

다시 BTS와 아미의 현상에 대해 이어가겠다.

BTS가 주로 아미의 행동에 영감을 주는 메시지는 'LOVE YOURSELF', 그리고 'SPEAK YOURSELF'이다. BTS는 다양한 캠페인을 주도적으로 이끌고 많은 기부를 이어오고 있다.

그러면서 다양한 정치적·사회적 현안에 대해 목소리를 높여오고 있는데, BTS는 아미가 현실에서 추구하고자 하는 여러 변화에 대해 적극적인 태도를 취하도록 격려한다.

그럼으로써 아미가 사회적·환경적 대의를 위해 활동의 명분을 축적하도록 한다.

그 중 하나가 2019년 8월 형성된 브라질의 아미들이 만든 브라질 최대 규모 비영리 프로젝트인 Army Help The Planet(AHTP)이다. 2019년 화재로 아마존 열대 우림이 황폐하게 되었는데 브라질 아미들은 #ArmyHelpPlanet이라는 해시태그를 달고 트위터를 통해 이와 같은 사실을 전 세계에 알렸다.

이를 계기로 화재로 아마존 열대 우림의 황폐화를 해결하려는 아미들의 다양한 아이디어가 모이기 시작했다.[2]

그것은 BTS의 행동에 감동과 선한 영향력을 실천한다는 것이 그들의 원칙이고, '팀워크가 꿈을 이루게 한다'는 실천의 메시지가 아미들의 운영 철학이라는 것을 보여준다.

그리고 아마존 보존지역에 토종 나무를 심는 모금을 위한 캠페인, 세계 최대 열대습지인 판타날 지역에서 반복해서 일어나는 화재의 방지 캠페인 등 환경에 대한 노력뿐만 아니라 코로나19 기간 동안 의료 물자를 지원하기 위한 긴급 자금을 모으는 프로젝트도 진행되었다.

---

2) 이지행, 『BTS와 아미 컬쳐』, 참조 인용, 커뮤니케이션, 2019. 'BTS와 아미현상' 항목은 이지행 박사의 글 참조

AHTP는 위와 같은 진행상황에 대해 "다양한 정치·사회·경제적 이슈에 대해 목소리를 높이고 있는 것이 BTS의 특별함이고, 또한 많은 아미가 이에 매력을 느끼고 있다. 그리고 아미가 다른 팬덤보다 훨씬 더 비판적이고 정치적 색깔을 띤 팬덤이 된 것은 BTS의 특별함이 반영된 결과"라고 말한다.

AHTP는 브라질 청년들의 정치 참여와 투표에 대한 인식을 확산시키기 위해서 투표도 독려하였다. 그리고 2021년 3월 BTS 콘서트에 즈음해서 브라질의 각 도시에서 아미 카드를 배포하고, QR코드를 통해 투표 등록을 할 수 있게 만든 이 캠페인은 상상할 수 없는 반향을 크게 일으켰다.

이와 같은 활동들은 유명 영화배우이자 감독인 마크 러팔로가 트위터를 공유하면서 주요 언론에 빠르게 노출되었고 캠페인을 시작한 지 3개월 만에 청년들의 유권자 등록률이 상승하는 결과로 나타났다.

브라질에서 온 마리아나 파치롤리는 "한국의 일곱 소년은 예술을 통해 전 세계 수백만 명을 감동시켰고 모든 사람이 언어, 인종, 성별, 나이, 종교적 신념의 장벽을 극복하고 자신의 목소리를 사용하도록 격려했다"고 말하며 "아미는 그들의 목소리가 힘을 가지고 있다는 것을 깨닫고 사회 변화를 위한 강력한 네트워크를 만들어냈다"고 주장하였다.

필리핀 아미들은 정치적 목소리를 내는 데 더 적극적이었다. 특히 2021년 5월 치러진 필리핀 대선에서 아미를 포함한 많은 K팝 팬덤은 '현 세대 청년'들의 목소리를 냈다.

필리핀 아미들은 1965년부터 21년간 필리핀을 독재 통치한 고 페르디난드 마르코스 전 대통령의 아들인 페르디난드 마르코스 주니어를 낙선시키고 레니 로브레도 전 부통령을 당선시키기 위한 선거 유세에 나서기도 했다.

이와 관련 아미이기도 한 라살대학교의 노엘 교수는 '필리핀 대선에서 아미의 역할'에 대해 발표하기도 했는데 "아미는 청년들의 대표이자 현 세대에 목소리를 내는 청년들이기도 하다. 아미로 활동하면서 우리는 사회적 인식을 갖고 성장과 희망이라는 주제로 활동할 수 있었다"고 말하며 "불공정에 맞서 싸우기 위해 사회 참여를 적극적으로 도모하는 것이 아미의 역할이라고 생각했고, 건강한 정부를 만들기 위해 '레니(2016년 선거에서 제14대 부통령에 당선됨)를 위한 아미'들이 활동하며 각종 억압과 불평등에 대해 성명을 냈다"고 말했다. (2023.5.9)

BTS의 음악이 투쟁가처럼 등장
-BTS와 아미 현상(8)

각국의 정치적 사회적 상황과 관련한 아미들의 활동을 계속 이어 가겠다.

왜 아미(Army)들은 정치·사회 활동에 참여하는가? BTS를 연구하는 학자들이 갖는 화두이다. 2020년 7월 미국 인종차별 반대 운동 'Black Lives Matter(BLM)-흑인들의 목숨도 소중하다'는 아미의 정치적 영향력이 전 세계적으로 조명되기 시작한 계기가 되었다.

BTS 소속사 빅히트 엔터테인먼트가 BLM 운동에 100만 달러(약 13억원)를 기부하자 아미가 이 행렬에 동참했다. 하루 만에 100만 달러가 넘는 금액이 모였다.

이들은 온라인에서 '우리는 흑인 아미를 사랑한다(#We Love Black Army)'라는 해시태그를 전파하는가 하면 도널드 트럼프 전 미국 대통령의 선거유세에 집단으로 '노쇼' 시위를 벌이기도 했다. 외

신들은 케이팝 팬들이 진보적 정치 세력으로 등장했다며 앞 다투어 보도했다.[1]

하지만 이 사건들은 아미가 참여한 사회운동의 극히 일부분에 해당한다. BTS 아미들은 각자가 속한 사회에서 나름의 정치적인 존재로 힘을 발휘하고 있다. 홍콩, 태국, 미얀마 등 민주화 시위 현장에서 늘 BTS의 음악이 '투쟁가'처럼 등장하는 것은 우연이 아니다.

"BTS와 아미컬처"를 쓴 문화연구자 이지행 박사는 "북미에서는 BTS를 둘러싼 팬덤 현상에 정치적 의미를 부여하려는 분위기가 강하다. 그러나 팬덤 활동이 실질적인 사회운동으로 나타나는 정도는 아시아에서 훨씬 더 강하다"라고 말한다.

예를 들면, 인도네시아에서는 고용창출법이라 불리는 '옴니버스법'을 통과시켰을 때 아미들도 시위에 나섰다.

그 이유는 인도네시아 국회가 2020년 10월 일자리 창출 특별법(일명; 옴니버스법)을 통과시켰는데 이 법안이 고용 창출과 투자 확대, 규제 개혁, 그리고 관료제 개선 등에는 초점이 맞혀져 있었지만 노동집약적 산업의 경우에서는 최저임금을 별도로 정할 수 있다는 내용의 친기업적인 불균형한 법안으로 통과되었기 때문이다.

최저 임금이 삭감되고 고용 안정성이 약화될 수 있다는 우려가 제기되었다는 이야기이다.

---

1) '시사인' 기사, 참조 인용

이 때 노동계와 환경단체 그리고 학생들은 이 옴니버스 법안에 대해 '개악'이라고 반대했고 "약자에 대한 정의는 사라졌다", "노동자들이 피해를 본다"라고 하며 격렬하게 저항했다. 인도네시아의 디지털 인류학자인 카리나 옥티바니는 "아미는 집이자 가족처럼 기능한다. 또 다른 아미가 삶의 위협을 느끼면 그 문제는 아미에게 국경을 초월한 문제가 된다. 국가가 아닌 개인으로 그 문제를 바라본다"고 말하며 "나는 "Not Today"의 가사인 'Today we fight!'라는 가사를 가장 좋아한다"고 말했다.

왜 아미들은 정치적으로 목소리를 낼까. 필리핀의 아미인 몰리 벨라스코 완솜에게 물었다. 그는 "모든 아미가 같은 생각을 하고 있지는 않지만 아미가 시민 활동에 참여해야 한다는 의견이 대다수이다.
많은 아미는 BTS가 정치적인 메시지를 던지기 때문에 아미들도 정치적이어야 한다고 믿는다"라고 말하며 "아미들은 메시지를 구현하기 위해 아시안 혐오, 흑인 인권 등 세계적 사회문제뿐만 아니라 정치적인 불만, 전 세계에 존재하는 편견과 관련해 행동한다"고 말한다.
BTS의 메시지를 그들 자신의 커뮤니티나 국가를 위한 가시적 행동으로 바꾸기를 원한다는 것이다. 그는 "Not Today(낫 투데이)", "뱁새(Baepsae)" 같은 노래가 아미의 믿음을 실행하는 신조로 작용했다고 덧붙였다. 한마디로 아미들은 위의 노래 등을 이용해 정부를 비판한 것이다.

여기에서 BTS의 노래 '뱁새'는 어떤 노래일까? 다음에 기회를 만들어서 BTS의 노래들을 음미해보는 시간을 갖기로 하겠지만, 위의 내용에 대한 문맥의 흐름을 이해하기 위해서 "뱁새"가 어떤 노래인지를 잠깐 살펴보고자 한다.

'뱁새' 가사의 일부분을 살펴보면 "They call me 뱁새/욕봤지 이 세대/빨리 Chase'em/황새 덕에 내 가랑인 탱탱/So call me 뱁새/욕봤지 이 세대/빨리 Chase'em/금수저로 태어난 내 선생님/(중략)/노력 타령 좀 그만둬/아 오그라들어 내 두 손발도/아 노력 노력 아 노력 노력/아 노랗구나 싹수가/(우린 뱁새야) 실망 안 시켜/(우린 뱁새야) 이름값 하네/(우린 뱁새야) 같이 살자고/(우린 뱁새야) 뱁새야/(후략, 처음과 동일)"

가사의 내용과 같이 개인의 노력보다는 부모로부터 물려받은 재산에 따라 인간의 계급이 나뉜다는 수저 계급론에다가 자기 분수에 맞지 않게 남을 따라서 힘겨운 짓을 하면 도리어 해를 입는다는 뜻으로서 '뱁새가 황새를 따라가면 가랑이가 찢어진다'는 의미의 속담까지 곁들여 현 사회를 통찰력 있게 비판하는 가사가 인상적이다.

그렇다면 'Not Today'는 어떤 노래인가? 2019년도 알제리에서 일어난 독재 반대 시위 당시에는 리더 RM의 사진이 인쇄된 티셔츠를 입은 남성이 화제가 되었다. 그는 "All the underdogs in the world(전 세계 모든 약자들이여)/ A day may come when we lose(우리가 지는 날이 올지도 모른다)/ But it is not today(하지만 오늘은 아니다)/ Today we fight!(오늘 우린 싸운다!)"라는 "Not Today"의 가사가 적힌 피켓을 들고 있었다. 해당 피켓은 2021년 2월 시작된 미얀마 군부독재 타도 민주화 운동 현장에서도 자주 나타난 것으로 알려졌다.

올해로 9년 차인 아미 A(28세)씨는 "방탄소년단이 던지는 질문은 우리 스스로를 되돌아보게 하고 실천하게 한다"고 소감을 밝히고 있다. (2023.5.23)

다양한 정체성에 대한 포용과 사랑
-BTS와 아미 현상(9)

각국의 정치적 사회적 상황과 관련한 아미들의 활동을 계속 이어
가겠다.

왜 아미들은 정치적으로 목소리를 내는 것일까. 필리핀의 아미인
몰리 벨라스코 완솜은 "모든 아미가 같은 생각을 하고 있지는 않지
만, 아미가 시민 활동에 참여해야 한다는 의견이 대다수이다. 많은
아미는 BTS가 정치적인 메시지를 던지기 때문에 아미들도 정치적이
어야 한다고 믿는다"라고 말하며 "아미들은 메시지를 구현하기 위해
아시안 혐오, 흑인 인권 등 세계적 사회문제뿐만 아니라 정치적인 불
만, 전 세계에 존재하는 편견과 관련해 행동한다"고 말한다.

남아프리카 공화국의 인권 운동가로서의 아미인 제시카 듀허스

트는 2013년 남아프리카 비영리 인권단체인 '저스티스 데스크(The Justice Desk)'를 설립하였다. 이 인권단체는 인신매매, 성폭력 등 인권 침해 문제를 다루고 있다.

그는 BTS의 노래를 처음 들으면서 "심적으로 지쳐갈 무렵에 우연히 BTS의 '낫 투데이'를 듣게 되었다. 물론 나는 많은 도움을 받았다. 그러나 또한 계속해서 불의에 맞서 싸울 수 있도록 영감을 주었다." 라고 말하였다.[1]

'낫 투데이'는 "패배하는 날이 올지도 모른다. 하지만 오늘은 아니다. 오늘 우리는 싸운다"는 RM의 랩으로 시작한다. 2017년 2월 발매된 '낫 투데이'는 사회운동에 나선 아미들에게 투쟁가와 같은 곡이다. 듀허스트는 BTS의 노래에 담긴 "다양한 정체성에 대한 포용과 사랑"이라는 메시지를 인권운동의 저항 정신과 맞닿아 있다고 느낀 것이다.

남아프리카에 기반을 둔 인권 비영리단체인 '저스티스 데스크'는 아동의 권리를 위해 싸우고 모든 형태의 젠더 기반 폭력에 적극적으로 대응한다. 아프리카 10개국, 200만 명이 넘는 사람의 삶에 영향을 미친 조직이다.

이들의 프로젝트 중 하나인 '음보코도 프로젝트'는 2018년 9월 BTS RM의 유엔 연설에서 영감을 받아 시작되었다고 한다. 음보코

---

1) '시사인' 기사, 참조 인용

도 프로젝트는 젠더 기반 폭력 피해자의 정신건강을 관리하고 자신의 권리를 강화하는 워크숍을 진행하는 프로젝트이다.

듀허스트가 시작한 성폭력 피해를 입은 남아프리카의 여성 청소년들을 돕는 '음보코도 클럽(Mbokodo Club ; 단단한 바위라는 뜻)' 프로젝트는 9세에서 19세의 여성 청소년 115명에게 정신 건강 상담을 지원하고 자기방어 훈련을 제공하였다.

그것은 "스스로를 사랑하고 목소리를 내라(Love yourself, Speak yourself)는 RM의 메시지에서 시작되었다. 수많은 남아프리카 성폭력 생존자들을 위해 할 수 있는 일이 무엇이 있을지를 생각한 것이다." 프로젝트를 시작하자 남아공 전역의 아미들이 초기 자금을 보내왔고, 일부는 직접 자원봉사자로 참여하였다. 그 덕분에 많은 성폭력 피해자들이 학교와 일상으로 돌아갈 수 있었다고 듀허스트는 말하였다.

저스티스 데스크를 운영하는 제시카 듀허스트는 "모든 인간은 있는 그대로 인정받고 사랑받기를 원한다. 이것이 바로 BTS가 전 세계 수백만 명의 삶에 들어온 이유"라고 하였다.

듀허스트는 "세상이 특정 유형의 특별한 사람들을 소중히 여겨야 한다고 말하는 동안, BTS는 이 개념을 거부하고 진정한 자아가 되는 것이 가장 중요하다는 것을 상기시켜 주었다. 그들은 영어로 노래하는 것만을 선택하지 않았고 힘듦과 포기라는 감정에 대한 투쟁을 이야기하였다."라고 말했다.

그리고 "물질주의적 대상에 대한 집착 대신 자신과 타인을 사랑하는 것이 중요하다는 것을 얘기했다"고 말하였다.

듀허스트는 "나는 당신의 목소리를 듣고 싶고, 당신의 신념을 듣고 싶습니다. 당신이 누구인지, 어디에서 왔는지, 피부색, 성별 정체성이 무엇이든 상관없이 자신을 말하십시오. 당신의 이름을 찾고, 당신의 목소리를 찾으십시오."라고 RM의 메시지를 강조하였다.

'시사인'에 의하면, 정치적 세력으로 부상한 아미에 대한 분석은 이제 막 시작된 셈이다. 연구자들은 인종, 환경, 장애, 여성 폭력, 또 권위주의에 대항하는 아미의 유사한 흐름이 전 세계에서 포착되었다고 말한다.

남아공의 아미인 듀허스트 대표는 "아미는 믿을 수 없을 정도로 다양한 세계에서 각기 다른 경험과 역사를 갖고 투쟁해 온 고유한 개인들로 구성되어 있다. 이들은 '소리 지르는 10대 팬'과 같이 무지한 편견으로 일축될 수 없다."라고 말한다.

어쩌면 BTS의 단체 활동 중단보다 더 중요한 이야기가 지금 이 시각 전 세계 곳곳에서 시작되고 있을 지도 모른다. (2023.6.6)

'공기를 마시기 위해 왔다'
-BTS와 아미 현상(10)

2023년 6월 17일 날 'BTS 데뷔 10주년 페스타'의 하나로서 서울 여의도 한강 공원에 약 40만 명(외국인은 12만 명)의 아미들이 찾아와 특별 공연과 행사가 진행되었다. 이번 항목에서는 한국에서 벌어지고 있는 BTS와 관련한 이야기와 현재 아미들의 상황을 간단히 소개하고자 한다.

먼저 데뷔 10주년을 맞이한 BTS의 성장 스토리와 팬덤 아미에 대해서 외신들은 다양한 보도들을 쏟아냈다.

미국의 CNN은 전세계 아미들이 BTS의 데뷔 10주년을 축하하기 위해 한국을 찾고 있다고 말했다. BTS는 글로벌 음악 산업에서 아시아의 대표로 부상했고, 여러 상을 수상하는 등 '세계적인 현상 (international phenomenon)'이 되었다. 다른 K팝 그룹들도 BTS의 발자취를 따르게 했다라는 분석보도를 내놓았다.

또한 과거에도 싸이를 비롯한 여러 K팝 스타들이 해외 시장에 도전했고, 특히 '강남스타일'의 뮤직비디오가 유튜브에서 처음으로 25억 조회 수를 돌파하기도 했지만 진정으로 글로벌 주류에 진입하고, 자리를 지킨 것은 BTS였다고 보도하였다.

BTS는 2013년 6월 13일 데뷔했을 때만 해도 큰 기획사들끼리 치열하게 경쟁하는 K팝 산업에서 힘겹게 싸우는 약자였다. 그러나 수년이 지나는 동안 힙합 비트는 점점 발전했고, 노랫말도 청춘의 반항에서 성찰과 자기애로 바뀌면서 더 많은 음악 장르를 탐구했다라고 설명하였다

CNN은 이른바 한류라고 불리는 한국의 문화 수출은 지난 10년간 폭발적으로 커졌고, 이는 BTS와 같은 주요 K팝 밴드들이 중요한 역할을 했는데, 그것은 K팝, 드라마, 영화, 뷰티, 여행, 한국어 공부 등 한국의 콘텐츠 수출이 2021년 사상 최대인 124억 달러(약 15조 8000억 원)를 기록했다라고 소개하였다.

로이터통신은 서울의 명소라고 하는 서울시청, 남산타워 등 서울의 랜드 마크가 BTS의 상징색인 보라색으로 물 들었고 프랑스, 멕시코 등에서 온 수많은 아미들이 이곳을 찾았다고 말했다. BTS 데뷔 10주년 행사는 6월 17일 리더 RM이 여의도 한강 공원에서 직접 팬들을 만나는 등 한강의 불꽃놀이로 이어지며 절정에 달할 것이라고 소개하였다.

AP통신은 2018년부터 아미로 활동하고 있다는 한 프랑스 팬을 소개하면서 "남산타워의 보라색을 보니 너무 놀랍고 설렌다"라고 전했다. 보라색은 BTS를 상징하는 색이다.

BTS와 보라색의 인연은 데뷔 4년 차인 2016년도 팬클럽 3기 팬미팅 당시에 팬들이 응원봉을 보라색 봉투로 감싸 보랏빛 아미밤 이벤트를 진행하였는데, 이를 본 멤버 뷔가 "~ 무지개 색깔 중 보라색이 마지막 색깔인데, 보라색은 상대방을 믿고 서로 오랫동안 사랑하자는 의미이니 그 뜻처럼 오랫동안 함께 볼 수 있으면 좋겠어요."라고 말하였는데, 이 때를 시작으로 보라색은 BTS를 상징하는 색깔이 되었다. 그들의 인기는 2020년 발표한 메가 히트곡 '다이너마이트'를 계기로 전 세계로 확장되었다. BTS의 전 세계 순회 콘서트는 계속 매진되었고, '아미'라는 글로벌 팬들의 지지에 힘입어 유엔 총회 연설까지 한 사실을 설명하였다.

미국 빌보드 홈페이지는 "BTS의 지난 10년간 업적을 기리기 위해 팬들이 가장 좋아하는 노래를 직접 선정해 달라"고 하면서 BTS가 불렀던 60여 개의 곡을 대상으로 온라인 투표를 진행하고 있다.

또한 우정사업본부가 BTS 10주년을 기념하는 우표를 발행했다고 전했다.

우정사업본부가 발행하는 기념우표는 BTS의 앨범 이미지 중 10개의 이미지를 엄선하여 제작했다고 한다. 그것은 '2 COOL 4 SKOOL', 'Skool Luv Affair', '화양연화 pt, 1', 'WINGS', 'YOU NEVER WALK ALONE', 'LOVE YOURSELF 轉 'Tear'', 'MAP OF

THE SOUL:7', 'Dynamite', 'Butter', 'Proof' 로서 총 10종으로 구성되었다.

이러한 'BTS, 노래로 전하는 우리의 순간'이라는 콘셉트의 기념우표는 BTS의 성공을 스토리텔링한 것으로서 비대칭 다각형으로 시선을 끄는 우표 전지의 모양은 옥석이 '땀과 눈물'로 다듬어져 눈부신 보석이 되기까지의 과정을 표현한 것이라고 소개한다.

연합뉴스 보도에 의하면, 글로벌 숏폼 동영상 플랫폼 틱톡은 BTS의 데뷔 10주년을 기념하기 위해 '2023 BTS FESTA'와 협업해 해시태그 챌린지 등 다채로운 이벤트를 한다고 지난 6월 2일 밝혔다. BTS는 현재 5천980만 명 이상의 팔로워를 보유한 국내 최대 계정이자 틱톡 플랫폼 전체에서 가장 많이 검색된 뮤지션이기도 하다.

틱톡은 '2023 BTS FESTA'를 위해 방탄소년단의 10주년을 축하하는 의미의 해시태그 챌린지를 진행하고, 특별한 필터 효과를 공개하며 자세한 내용은 '#10yrsWithBTS' 해시태그를 통해 확인할 수 있다. 더불어 틱톡은 #NewMusic 허브에서 방탄소년단의 새로운 디지털 싱글 '테이크 투(Take Two)' 프로모션을 지원하며, 방탄소년단의 지난 10년을 뒤돌아보는 독점 영상과 특별한 메시지도 올릴 예정이다.

미국에서 한국을 방문한 아미 리사 트린은 "BTS가 가본 곳에 있고 싶고, BTS가 숨 쉬는 것과 같은 공기를 마시기 위해 왔다"라고 말하였다. (2023.6.20)

'그럼에도 우리의 삶은 계속된다'
- BTS와 아미 현상(11)

이번 항목에서는 데뷔 10주년을 맞이한 BTS의 음악을 살펴보고, 그 노래에 담긴 메시지를 간단히 소개하고자 한다.

초창기 데뷔 시절에는 그 당시 유행한 힙합 음악인 'No More Dream'을 데뷔곡으로 시작하여 'N.O', '상남자' 등을 발표하면서 작사·작곡의 능력까지 보여주는 싱어송라이터의 아이돌로 발전하는 모습을 보여주었다. 'No More Dream'은 2013년 6월 12일에 발매된 BTS의 "학교시리즈" 데뷔 싱글 '2 COOL. 4 SKOOL' 앨범의 타이틀 곡이다. 내용은 톱다운(top-down, 하향식) 방식의 주입식 교육 제도와 획일적인 10대들의 꿈에 대한 현실을 비판하고, 또한 불평 불만만 하며 피동적으로 살아가는 10대들에게 "네 꿈이 뭐니?"하고 질문을 던지는 곡이다. 일본 데뷔의 싱글이기도 하다.

첫 정규 1집 앨범은 학교 3부작 시리즈에 이어 'DARK & WILD'로서 2014년 8월 20일에 발매되었다. 앨범 타이틀 곡은 'Danger'로서 내용은 연인끼리의 갈등을 담고 있다. 전체적인 콘셉트의 분위기는 학교 3부작 시리즈의 느낌이 나며 학교 3부작의 연장선상이라고 생각할 수도 있다.

앨범 타이틀 'Danger'의 내용은 연인 사이의 갈등을 담고 있다. 참고로 앨범 겉표지에는 "경고! 사랑은 아프고, 분노와 질투, 집착을 유발한다. 왜 날 다시 사랑해 주지 않니?"라고 적혀 있다. 앨범 수록곡은 무려 14 곡에 이른다. 정규 1집 앨범의 성적은 그다지 좋은 편은 아니라는 평가이다.

WINGS의 타이틀곡으로 엮어진 정규 2집에서는 타이틀곡인 '피땀 눈물 (Blood Sweat & Tears)'와 '봄날'을 통해 K팝 가수로서의 확고한 자리를 굳혔으며 2집에 실린 '봄날'은 대중적인 사랑을 지속적으로 받으면서 BTS의 대표곡이 되었다.

주지한 바와 같이 2015년 빌보드 200에 BTS의 노래가 순위에 진입한 후 'Dynamite'는 한국 가수 최초로 빌보드 핫 100에서 1위를 기록했으며, 'Life Goes On'은 한국어로 만든 노래로 빌보드 차트 62년 역사상 최초로 1위에 올랐다.

'Dynamite'는 2020년 8월에 발매된 앨범으로 밝고 경쾌한 분위기의 디스코 팝(Disco Pop) 장르이다. 코로나 19로 인한 무기력증과 허탈감을 이겨낼 수 있는 메시지를 담은 노래로서 데뷔 이래 처음 영어로 작곡한 곡이다. 중독성이 강한 리듬에 유쾌하면서 역동적인 퍼포먼스를 더하였다. 그야말로 전 세계에 긍정적 에너지를 불어넣은 곡으로 평가된다.

'Life Goes On' 역시, 코로나19 팬데믹으로 인하여 투어 콘서트를 못하게 되자 새로운 음반작업으로 만들어진 위로와 응원의 메시지가 담긴 곡이다. 내용은 "새로운 일상 속에서도 우리들의 삶은 계속 흘러간다"라는 메시지를 담고 있다. 2020년 11월 20일에 발매하였다. 그 다음에 나온 'Butter', 'Permission to Dance', 'Savage Love', 'My Universe' 등의 노래를 포함해서 빌보드 핫 100에 무려 6곡이 정상에 올랐다.

'Butter'는 BTS가 기존에 가지고 있던 기록들을 하나씩 뛰어넘으며 '전 세계 유튜브 최다 조회 수', '스포티파이, 일일 최다 스트리밍' 등 각종 신기록을 세웠다. 미국 빌보드 메인 싱글 차트 '핫 100'에서 4곡 째 1위를 차지하며 '21세기 팝 아이콘'으로서의 뛰어남과 당당함을 드러냈다. 노래는 "버터처럼 부드럽게 녹아들어 너를 사로잡겠다"라는 능청스럽고도 귀여운 고백이 담긴 가사로서 매력적이다. 2021년 7월 9일에 발매되었다.

'Permission to Dance'는 중음의 피아노 리듬에 맞춰 신나게 춤을 추는 것으로 시작하는데, 노래 가사를 직역하면 '춤추는 데 허락'

이라고 되어 있지만 노래를 부를 때에는 "우리가 춤추는 데에 허락은 필요 없어"라는 활기차고 경쾌한 분위기의 노래이다.

〈Permission to Dance〉의 뮤직비디오를 보면, 코로나 19 등으로 힘들고 어려운 상황이지만 춤추고 노래를 부르며 자유와 행복을 누릴 것을 권고하는 힘찬 응원의 내용이 담겨 있다. "그럼에도 우리의 삶은 계속된다", "춤추는 데 허락은 필요 없다"라고 말하며, 어떠한 장애와 한계를 뛰어넘는 저 푸른 하늘과 같이 모두를 향해 심장의 리듬에 귀 기울이자는 메시지이다.

뒷부분에서는 BTS가 백댄서들과 함께 춤을 추는 장면이 나오는데 특히 여기에서는 국제수화 퍼포먼스 동작이 연출되면서 많은 이들에게 깊은 감동을 선사한다. 처음부터 끝 장면까지 다색다양한 배경과 출연자들 이들에 의해 진취적이면서도 밝고 사랑스러운 분위기의 〈Permission to Dance〉 뮤직비디오는 보는 이들에게 흐뭇하면서도 힘찬 에너지를 느끼게 한다.

BTS는 "우린 이제 시작이야(we're just getting started)", "그냥 찬란하게 살자(live just like we're golden)", "기다림은 끝났어 / 지금이야 그러니까 제대로 즐겨보자(The wait is over / The time is now so let's do it right)"라는 가사를 통해 새로운 삶을 시작할 수 있는 용기, 그러면서 즐겁고 신나게 춤출 수 있는 힘찬 에너지의 메시지를 주고 있는 것이다. (2023.7.4)

"세상을 더 나은 곳으로"
-BTS와 아미 현상(12)

　브라질에서는 2019년 8월 아마존 열대우림 전역에 4만 건 넘는 화재가 발생한 것을 계기로 비영리 환경단체 '아미 헬프 더 플래닛'이 설립되었다. 17세부터 48세까지 환경 엔지니어, 건축가, 심리학자, 언론인, 디자이너 등 54명이 자발적으로 참여하였다. 아마존 지역에 나무 심기, 화재가 빈발한 지역에 소방관을 지원하기 위한 모금운동 등을 벌이며 세간의 주목을 끌었다.[1]

　브라질 언론에서도 이러한 활동에 대해 매우 신기하게 취급했다고 하는데 이 단체 대표인 마리아나 파시롤리 씨는 이러한 BTS 아미의 활동을 "세상을 더 나은 곳으로 만드는 데 기여하고 싶은 열정들이 모인 결과"라고 소개한다. 그러면서 "BTS는 정신 건강과 자기 긍정에 대해 이야기할 뿐만 아니라, 인종주의와 차별, 기후변화에 맞서자고 목소리를 높인다."라고 말한다.

---

[1] '시사인', '월간중앙' 기사, 참조 인용

"2021년 9월 유엔 총회에서는 청년이 '잃어버린 세대'가 아니라 '환영의 세대'라고 말하며 이러한 메시지가 브라질 아미들을 정치·사회·환경적 영역에 참여해 현실을 바꾸려는 강력한 행위자로 변모시키고 있다."라고 파시롤리 대표는 주장한다.

브라질, 필리핀, 홍콩, 미얀마, 남아프리카 공화국 등 민주주의가 위협받는 곳이면 어디서든지 BTS의 음악은 그 노래의 메시지를 활용하여 투쟁가로 불리고 있다. 이지영 한국외국어대 연구교수는 "아미는 대안적 현실을 상상하고 실행한다"라고 말하며 BTS와 아미에 대한 평가를 하고 있다.

'월간중앙'의 이화랑 기자는 본인을 '찐아미'라고 소개한다. 월간중앙에 보도되었던 이기자의 '찐아미'들에 대한 인터뷰 기사 몇 가지를 소개하고자 한다.

5년 차 아미 고은비(26)씨는 "회사가 정해주는 의미 없는 사랑 노래가 아니라 직접 자기가 하고 싶은 이야기를 노래한다는 점이 특별하게 다가왔다"고 말했다. 4년 차 아미 주현경(26·가명)씨도 "음악에 대한 진실함"을 꼽으며 "BTS의 'LOVE YOURSELF' 앨범 시리즈를 통해 나 자신을 진심으로 사랑하게 됐다"고 고백했다.

BTS의 음악이 가진 힘은 그들이 전하는 '메시지'에 있다. 대표적으로 '화양연화(花樣年華)' 앨범 시리즈에선 불확실한 미래로 위태로운 청춘 그리고 그러한 불안마저 끌어안고 질주하는 젊음을 노래했다. 또한 'LOVE YOURSELF' 앨범 시리즈에선 '나 자신을 사랑하는 것이 진정한 사랑'임을 깨닫고, 사랑으로부터 자아를 찾아가는 여정을 보여주었다.

4년 차 아미 강시현(27·가명)씨는 "취업준비생 시절 처음 만난 그들의 노래는 그 당시 나에게 절실했던 공감과 위로의 한마디와도 같았다"고 회상했다. 취재 과정에서 만난 아미들은 '가장 마음에 와닿았던 노래'를 묻는 질문에 'Whallien52', 'EPILOGUE: Young Forever', 'So Far Away', 'Lost', 'Outro: Wings', 'Magic shop', 'Answer: Love myself', 'Life Goes On' 등 각각 다른 그들의 답을 내놓았다. 그것은 그만큼 BTS의 음악적 스펙트럼이 넓고 다양한 메시지를 담고 있다는 뜻이다. 고은비씨는 "BTS의 개인 곡들을 좋아한다"며 "나 자신을 사랑하고 싶을 땐 진의 솔로곡 'Epiphany'를 듣는다"고 말했다. 진의 솔로곡 'Epiphany'는 Love yourself의 기승전결 중 결(結)에 해당한다. 그 기승전결은 기(起) : 'Euphoria'-극도의 행복감, 승(承) : 'Serendipity'-사랑의 설렘과 두근거림, 전(轉) : 'Tear'-눈물, 파괴, 결(結) : 'Epiphany'-깨달음 등으로 설명할 수 있는데, 앨범의 주제를 각각 함축하고 있다고 볼 수 있다.

'둘! 셋!(그래도 좋은 날이 더 많기를)'은 '윙즈(WINGS)'에 미처 담지 못했던 청춘과 성장의 이야기를 완성한 메시지로서 'YNWA(YOU NEVER WALK ALONE)'의 수록곡이다. 데뷔 초에 BTS가 처음으로 아미에게 바치는 노래였는데, 그 당시의 설움과 고난을 이겨내고 진정한 팬이 되어 준 아미에게 감사함을 표현한 곡이다. 이 노래는 아미들의 '눈물 버튼'으로도 통한다.

YNWA는 함께 걷는다는 의미로 해석된다.
"너 넨 아이돌이니까 안 들어도 구리겠네/ 너네 가사 맘에 안 들어 안 봐도 비디오네/ ....(중략).....)/ 그래도 좋은 날이 앞으로 많기를". BTS는 그 시절 아픔을 함께한 아미들에게 노래로 위로를 건넸다. 박연주씨는 "BTS는 하나부터 열까지 본인들의 기쁘고 슬픈 감정들 자신들의 약한 모습까지도 우리에게 모두 보여줬다"고 고마움을 나타냈다. 캐나다 아미 로날렌(Ronalene,17)은 "BTS와 아미는 작은 회사에서 시작해 함께 많은 어려움을 겪었고 함께 성공했다"고 추억했다.

주부 아미 박선영(36)씨는 "아미들끼리 모여서 여러 가지 자원봉사를 많이 한다"며 "얼마 전 여의도 한강부지 콘서트에서도 공연이 다 끝난 뒤 쓰레기를 깔끔하게 처리한 것에 자부심과 긍지를 느낀다. 사회에 선한 영향력을 끼칠 때 아미라는 공동체의 힘을 느낀다"고 말했다.
8년 차 아미 박윤아(25·가명)씨는 "BTS의 행보는 그들이 음악으로 항상 전달하던 평화, 성장, 억압에 대한 대항, '방탄'으로서의 포부와 일치한다"며 지지를 표했다. 그러면서 "우리가 BTS의 얼굴이라는 생각으로 행동에 더욱 책임감을 갖게 된다"고 말했다. (2023.7.18)

제7장

국악 이야기
-'국악진흥법'

문화 융성의 길
'온리 원(only one)'의 사고

요즈음 대통령 관저 선정 개입 의혹과 관련 정치권에서는 역술인 천공에 대한 논란이 뜨겁다. 그러다가 갑자기 풍수지리 학자인 백재 권(사이버한국외국어대학교 겸임교수) 교수의 이름이 언급되면서 풍수 지리학이 과학이냐 아니냐로 다시 논란이 지펴지고 있다.

거기에 어느 물리학자가 등장하면서 그는 자신 있게 말할 수는 없 지만 풍수지리학은 과학이라고 볼 수 없다는 견해를 내놓으면서 새 로운 논란을 야기하고 있다.

위의 논란은 정치권에서 벌어진 일로서 필자는 정치와는 무관하 다. 다만 풍수지리학이 오해를 받고 있는 것 같아서 문화적 입장에서 풍수지리학을 어떻게 봐야 할 것인가에 대해 잠깐 이야기 해보려고 한다.[1]

---

1) 김민희, '앞의 책' 333~334쪽 참조 인용

2010년 23일, 24일 이틀 간 서울시가 주최한 '세계 디자인도시 서미트(WDC, World Design Cities Summit)'가 개최되었다. 이 행사에는 17개국 31개 주요도시의 시장단과 도시 건축 전문가들이 한자리에 모여 주제 발표를 하였는데, 한국 측 주제 발표자는 이어령 교수였다.

건축가가 아닌 이어령 교수의 발표 주제는 '건축 없는 건축'이었다. 연설의 내용은 "집을 지을 때는 근사한 유형의 물리적 건축물뿐만 아니라, 한국의 풍수지리나 배산임수(背山臨水)의 터 자체가 건축의 핵심요소 중 하나가 될 수 있다"는 요지였다.

주최자인 오세훈 서울시장을 비롯한 각국의 많은 참가자들이 이어령 교수의 연설을 듣고 매우 놀라워했다. 외국인 건축가 한사람이 이어령 교수에게 손을 번쩍 들고 다가가 질문을 하는가 싶더니 큰절을 하면서 고마움을 표했다고 한다.

그 외국인 건축가는 "당신의 이야기에 큰 감명을 받았습니다. '건축 없는 건축'에 대한 건축론을 속으로만 생각해 왔는데, 이젠 자신있게 내 건축 이론을 주장할 수 있겠습니다."라고 하면서 외국의 건축가는 이어령 교수에게 무한한 찬사를 보낸 것이다.

풍수지리는 산세(山勢), 지세(地勢), 수세(水勢), 또는 방위를 인간의 길흉화복에 연결시켜 집을 짓는데 적당한 장소를 찾는 이론이다. 태양을 따라서 지구 북반부에 있는 나라는 남향집을 짓지만 남반부에서는 북향의 집을 짓는다고 하는데 위의 외국인 건축가는 이미 자연을 활용한 건축이론에 공감하고 있었던 것이다.

이와 같이 이어령 교수에게 '전문가들의 전문가', '전문가들이 생각을 훔치고 싶어 하는 전문가'가 된 비결에 대해서 묻자, 이어령 교수는 "나는 내 머리로 생각하는 것을 이야기하거든 그러니 전문가들이 못하는 영역을 커버할 수 있는 거지."라고 간단히 답변하였다.[2]

외국 이론을 배워 흉내 내게 하는 것이 아니라 자기만의 독창적 아이디어를 이끌어내는 것 이것이야말로 여러 가지 객관적 정보와 다양한 지식이 널려 있는 이 시대에 꼭 필요한 발상과 태도라는 것이다. 다시 말해서 옳든 그르든 '온리 원(only one)'의 사고를 강조한 것이다.

한국의 풍수지리나 배산임수(背山臨水)의 터 자체가 건축의 핵심요소가 될 수 있다는 요지는 우리 스스로 우리의 전통을 폄훼하는 사회적 분위기 속에서 우리들에게 시사하는 바가 매우 크다 하겠다.

지금 세계를 들썩이게 하며 경제에까지 영향을 미치고 있는 K-컬처는, 오직 한국인만이 갖추고 있는 정체성이 반영된 '온리 원(only one)'의 결과가 아니겠는가. 우리나라가 '문화 융성 국가'로 발전하는데 초석으로 삼아야 할 것이다.

---

2) 김민희, '앞의 책' 참조 인용

때마침 'BTS와 아미 현상'과 같은 유사한 일이 국내에서도 벌어지고 있다.

보도에 의하면 가수 임영웅은 수재 의연금으로 써달라고 사회복지공동모금회에 2억원을 기부했다. 그랬더니 임영웅의 팬클럽인 '영웅시대'도 온라인 기부 플랫폼을 통해 4억 2600여만 원을 모아 기부하며 선한 영향력을 행사하였다. 팬클럽 '영웅시대'는 사랑을 받으면 10배로 보답한다는 임영웅의 가치관을 실천하는 것이라고 한다. 마치 BTS와 아미의 선한 영향력을 연상케 하는 흐뭇한 광경이다.

(2023.7.31)

문화 융성의 길
'국악진흥법'에서 새 길을 찾다

　　우리나라의 전통음악은 일제 강점기의 문화말살정책에 의해 강제적으로 파괴당하는 수모를 겪었다. 이 때 '민초(民草)'들은 저항하였지만 속절없이 파괴당하였다.

　　그렇지만 우리 '민초'들은 그 압박에 굴하지 않고 은근과 끈기로써 견뎌내면서 우리 전통음악의 생명의 끈을 놓지 않고 이어갔다. 그러나 일부 기득권의 음악은 일제의 보호를 받았다.

　　이 시절에는 발뒤꿈치의 굳은살을 하나하나 벗겨내듯, 농경사회에서 근대사회로 진입하는 문지방(門地枋)에 서 있었다. 바로 문명사회로 넘어가는 전환점이었던 시기였다.

　　다시 말해서 농촌이 도시가 되는 크나큰 변화의 소용돌이 한가운데를 지나는 시기였다고 볼 수 있는데 당연히 민초들은 고통을 겪을 수밖에 없는 아주 어려운 시기였던 것이다.

서양음악이 유입되면서 우리 민초들의 대중음악인 민요, 판소리, 기악, 농악 등 전통음악도 서양 음악의 영향 속에 당연히 위축될 수밖에 없게 되었다. 그러면서 '민초'들의 대중음악도 변화를 가져오기 시작하였다.

전통음악인 민요, 판소리, 기악 등을 바탕으로 한 전통음악들이 자연스럽게 서양음악 형식을 빌린 음악으로 새로이 창작된 시기이기도 하다. 서양음악 풍의 가곡과 소위 오늘날 트로트라고 불리는 대중가요가 그것이다.

현재 전통음악의 두 축이라 할 수 있는 정악과 민속음악의 명맥(命脈)이 유지되고 보존될 수 있었던 공로자는 그 당시의 이왕직아악부(李王職雅樂部)와 민속음악가들인 '민초'들이었다.

이왕직아악부는 현재 국립국악원(國立國樂院)의 전신이다. 일제강점기 때인 1913년에 조선왕조 왕립기관의 아악대가 이왕직아악부로 개편되었다. 이왕직아악부의 주된 업무는 아악생(雅樂生)의 양성 및 궁중음악의 보존과 전승이었다. 이왕직아악부의 전통은 해방 직후 구왕궁아악부(舊王宮雅樂部)를 거쳐 국립국악원으로 전승되었다.

현재 국립국악원에는 국악연주단이 있는데, 종묘제례악 등 궁중음악을 담당하는 '정악단', 궁중무용을 이어가는 '무용단', 그리고 미래 국악을 창작하는 '창작악단', 그리고 소수의 인원으로 성악과 기악·타악 등을 담당하는 '민속악단'이라는 이름의 연주 단체로 구성되어 있다.

국립국악원 산하에는 남원에 설립된 '국립민속국악원', 진도에 설립된 '남도국악원', 부산에 설립된 '부산국립국악원'이 있어 각 지역의 정체성 확립을 위해 노력하고 있다.

국악의 역사, 국악기 전시실, 국악체험실로 이루어진 국악박물관 및 악기 연구소가 있으며 650석 규모의 국악 전용공연장인 예악당을 비롯한 작은 규모의 소공연장이 두루 갖추어져 있다.

또 교원직무 연수, 청소년 강습, 가족 강좌, 국악 문화학교 등 내외국인들에게 체계적이고 다양한 연수와 강습 등 국악체험 교육 프로그램을 제공하는 국악연수관도 있다.

국악의 세계화를 위한 해외 국악 문화학교, 해외 전통예술인 초청 국악연수, 국제 국악워크숍 등의 사업도 시행하고 있다. 가족 국악강좌, 가족문화탐방, 어린이 여름방학 단소제작 특강, 유아 국악체험, 그리고 여름방학 청소년 국악 강좌 등 다양한 교육 프로그램도 운영하고 있다.[1]

위의 산하단체, 전속단체 운영과 프로그램 등을 운영하는데 있어서 국립국악원은 일 년에 약 900억 원 이상의 예산을 사용하는 것으로 알려져 있다. 일제강점기의 이왕직아악부 때부터 100년이 넘도록 제도권 안의 국가기관으로서 전통음악의 한 축을 담당했던 국립국악원은 우리나라 전통음악의 한 획을 그었을 뿐만 아니라 그 공로 또한 한국음악사에 기록될 것이다.

---

1) 국립국악원 발행 자료 참조

한편 2023년 7월 25일 '국악진흥법'이 공표되었다. 전통음악의 또 다른 한 축으로서의 민속음악을 일궈왔던 제도권 밖의 '민초'들은 '국악진흥법'이 공표되었다는 소식에 많은 기대감을 갖고 있으면서도 피해의식(被害意識)을 감추지 않는 것 또한 사실이다.

민속음악계(民俗音樂界)는 지난 100년 동안 피해의식을 갖고 살아왔다고 생각하기 때문일 것이다. '국악진흥법'이 공표됨으로써 앞으로 100년을 위한 미래 비전과 정책과제에 대한 이야기가 시작되어야 하겠다.

민초들은 지난 100여 년 동안 오직 '온리 원(only one)'의 자세로 전통음악을 바탕으로 한 한류 문화의 확산과 음악문화의 정체성을 정립하는데 노력하였다. 그리고 대중성을 확보하며 국민의 전통문화 향유를 위해 평생을 바쳐왔다.

따라서 '국악진흥법'을 통해서 그런 노력들이 반영되고 구체화하기 위한 다양한 논의가 이루어져야 할 것이다. 문화융성의 새로운 길을 찾고 지속 가능한 한류의 새로운 토대를 구축하기 위해서라도 반드시 가야만 하는 길이라고 생각한다. (2023.8.15)

스크린쿼터제와 같은
'국악쿼터제'를 도입하자(1)

2023년 12월 크리스마스 이브 날 반가운 소식이 뉴스를 통해 전해졌다. 영화 '서울의 봄'이 1000만 관객을 돌파했다는 소식이다. 그 뉴스를 접하는 순간 영화의 영상이 눈앞에 스쳐지나갔다. 김성수 감독과 정우성 배우의 인터뷰가 뉴스를 통해 전해졌다. 한마디로 영화가 1000만 명을 돌파하리라고는 상상도 못했다는 것이다. 어리둥절하다고 말한다. 만들어 놓고 보니까 1000만 명 짜리 영화가 된 셈이다.

비교적 영화의 창작 과정은 "지원은 하되 간섭은 하지 않는다"는 김대중 대통령 시절에 정해진 원칙이 지금까지 잘 지켜지고 있는 장르 중의 하나이다. 특히 정부의 간섭은 거의 받지 않는 것으로 알고 있다. 그러니 '서울의 봄' 같은 작품이 탄생할 수 있었던 것으로 보인다.

그러한 힘이 가능했던 바탕에는 숱한 고난과 역경을 이겨낸 독특한 사회적 배경과 역동적인 사회의 특성, 국민성(DNA), 그리고 디지털 강국이라는 강점이 자리하고 있다는 분석이다. 수천 년의 역사, 근대의 일제 강점기와 군사독재, 민주화 투쟁 등 굴곡 많은 한국사회의 역사가 스토리를 풍부하게 만들어 준 결과라고 영화평론가들은 말한다.

이러한 이유 외에도 결정적으로 영화 발전을 이끈 것은 '스크린쿼터제'이다. 1966년 8월 3일에 이루어진 영화법 제2차 개정은 67년 1월 1일부터 영화관에 대해 연간 90일 국산 영화의 상영을 의무화하는 '스크린 쿼터제'를 도입했다.

이후 몇 차례 상영 제한의 축소와 확대를 반복하면서 85년 한국영화 의무 상영일수는 연간 146일로 정해졌다. 그리고 현재는 상영일수가 73일로 줄어들었으나 헐리우드 영화에 대항해 자국 영화를 지켜낸 모범적인 제도라는 데는 이의가 없다. 이 모두는 영화인들의 피눈물 나는 노력 덕분이라고 사료된다.

'스크린쿼터제'는 영화발전을 위한 단순한 정책을 넘어서 많은 긍정적인 효과가 파생되기도 했다. 그것은 회계의 투명성인데, 극장의 관객 수를 체크하는 시스템이 구축됨으로써 제작자들이 표를 빼돌리는 일이 없어지고 그럼으로써 투자자들이 안심하고 투자를 하게 되었다. 그리하여 투자자들이 영화에 대한 투자에 신뢰가 생기기 시작했고, 투자조합들이 영화에 뛰어들기 시작했다고 한다.

국악공연계는 물론 연극, 뮤지컬 등 다른 공연예술 분야는 아직도 공짜표로 관객을 채우고 있는 것이 현실이다. 그런 점에서 영화계가 글로벌 수준으로 발전을 하게 된 것은 역시 '스크린쿼터제' 덕분이라고 할 수 있다. 영화의 '스크린쿼터제'를 언급한 것은 '국악진흥법'이 공포된 이후 국악진흥법의 '시행령'에 반영될 수 있는 정책에 영화계의 '스크린쿼터제'와 비슷한 내용의 정책이 개발되었으면 하는 바램 때문이다.

지난 22일 날 개최된 한국국악협회 전문가위원회는, 국악진흥법의 비전은 젊은이들을 위한 것이어야 하고 미션 또한 젊은 국악인들의 다양한 창조정신을 발휘하도록 해야 한다는 취지의 '정책토론회'를 개최하기로 하였다.

2024년 1월에 개최될 '정책토론회'는 미래세대 비전에 대한 시스템 구축, 미션에 대한 다양한 창조적 시스템이 국악진흥법 시행령에 반영되고 구축되도록 해야 할 것이다.

위에서 말한 미래세대 비전에 대한 시스템 구축이라는 것은 영화계에서 보여준 '스크린쿼터제'와 같은 시스템 즉, 공영방송 등에서 '국악쿼터제'를 도입해서 활용하는 것을 말한다. 이러한 것들이 국악진흥법 '시행령'에 반영되어야 할 것이다.

국악은 영양가 높은 한류음악의 원형자산이다. 국악에 스크린쿼터제와 같은 제도가 도입된다면 전반적인 국악의 발전은 물론 젊은이들을 위한 중장기적 비전이 될 것이다. 이를 바탕으로 한 젊은이들의 미션은 다양한 창조정신을 발휘하여 더욱 풍성하고 다색다양한 한류음악을 창조하는 것으로 실현될 것이다. (2024.1.2)

스크린쿼터제와 같은
'국악쿼터제'를 도입해야 한다(2)

2024년 1월 9일 서울 서초구 예술의전당에서 개최된 '2024 문화예술인 신년 인사회'에 참석한 윤석열 대통령은 문화예술인들을 향하여 '우리는 계속해서 힘을 다해 지원하지만 여러분이 하는 일에는 개입하거나 관여하지 않을 것입니다'라고 말했다.

윤대통령은 미국 방문 때 하버드대학교의 간담회에서 있었던 일을 소개하였다, 간담회의 인터뷰 내용은 "K팝과 K콘텐츠가 전 세계에서 많은 사랑을 받는 이유는 무엇인가요?"라고 질문을 받았다. 윤대통령은 "정부의 개입이 없어서 그런 것 같다."라고 말하여 신년 인사회의 좌중을 환호하게 하였다.

하버드대 간담회 장에 있었던 조지프 교수는 "윤대통령이 학생이었다면 A⁺를 받을 만한 대답이었다"라고 말한 일화를 윤대통령은 소개하였다.

    윤대통령은 미국 방문 때의 국빈 만찬에서 '아메리칸 파이'라는 미국의 포크록 가수 돈 맥클린의 노래를 불렀을 때의 상황도 언급하였는데, 질 바이든 여사가 계속 노래를 부르라 하여 노래를 부르게 되었다면서 "미국 국민들이 우리나라에 호감을 갖게 된 이유는 큰 이벤트보다도 한 소절의 노래 영향이 더 크다는 것을 알게 되었다."라고 윤대통령은 말하였다. 소위 문화의 힘을 강조한 것이다.

    "지원은 하되 간섭하거나 관여하지 않는다"는 윤대통령의 말은, 한류를 강조하고 문화예술인들의 창작활동을 존중한다는 말로서 K컬처에 대한 성과를 긍정적으로 보고 있으며 문화예술계에 대한 기대감을 한껏 드러낸 고무적인 발언이라고 풀이된다. 윤대통령의 글로벌 마인드적 바탕에서 K컬처의 지속 가능한 미래 비전적 기대감을 표현한 말이라고 생각된다.

    K컬처의 기류에 편승해서 숟가락 하나 더 올려놓고 생색내는 말과 정책이 아니라 근본적으로 K컬처 진흥에 대한 환경적 인프라 구축이 필요하다는 것을 은연중 강조한 것으로 사료된다.

    지난 항목 "스크린쿼터제와 같은 '국악쿼터제'를 도입하자"에서는, 우리나라 영화 관객이 1000만 명을 돌파하고 K컬처를 주도하며 영화 발전을 이끈 것은 영화인들의 피눈물 나는 노력과 아울러 '스크린쿼터제'의 영향 덕분이라고 말하였다. 그래서 국악계에서도 '국악진흥법'을 계기로 '국악쿼터제'를 도입해야 한다고 강조했다.

정부에서는 1966년 8월 3일에 이루어진 영화법 제2차 개정 때 '스크린쿼터제'를 도입하였다. 그 당시에는 '스크린쿼터제'를 맞출 만한 번번한 영화를 제대로 제작하지도 못하던 때였다. 그런데도 정부와 영화인들은 '스크린쿼터제'를 도입하여 한국 영화발전의 기반을 구축하고 오늘날 글로벌에서 주목받는 K콘텐츠로 자리매김할 수 있었던 것이다. 그렇게 자리매김하기까지 거의 50년 정도가 걸렸다고 본다.

앞에서도 지적하였듯이, 다른 문화예술의 장르 중에서 영화의 제작 과정은 "지원은 하되 간섭은 하지 않는다"는 문화에 대한 정부의 기조가 비교적 잘 실천되어진 장르로 보인다. 그럼으로써 한국인만의 장기(長技)인 창조적 상상력이 발현된 영화 K콘텐츠를 제작할 수 있다고 보는 것이다.

최근까지도 문화예술에 대한 지원을 아낌없이 해준다는 말이 많이 들린다. 좋은 현상이다. 그런데 경쟁을 붙인다고 한다. 그러면서 지원 받는 대신에 성과를 내야 한다고 한다. 여기에 젊은이들 사이에서는 "그건 아니다"라는 말이 들린다.

이것은 갑과 을의 관계에서나 볼 수 있는 말들이기 때문이다. 이렇게 되면 남의 작품 모방하고 흉내를 내게 된다. 경연대회도 아니

고, 누가 경쟁을 붙이고 성과에 대한 심사는 누가 한단 말인가? 글로
벌 마인드에서 벗어난 후진적 발상이 아닐 수 없다.

현재 성과를 내고 있는 K컬처, K팝 등은 누군가 심사를 하고, 또
합격을 해서 세계 최고가 된 것이 아니다. '박상진의 한류 이야기'에
서 누누이 강조했듯이 귤을 탱자로 만드는 우(愚)를 범해서는 안 된
다. 후진적 정치권에서는 일색(一色)을 원하지만, 선진 문화에서는 다
색다양(多色多樣)을 추구한다. 그렇게 만들어지고 있는 글로벌 문화
가 K컬처인 것이다.

윤석열 대통령도 강조하였듯이 그야말로 문화예술 지원 정책에
있어서 "지원은 하되 간섭은 하지 않는다"는 대원칙이 지켜질 때 하
버드 대학교의 조지프 교수에게서 A+를 받을 수 있지 않겠는가.

'국악진흥법'을 계기로 '영화법'의 '스크린쿼터제'와 같은 '국악쿼
터제'가 도입되기를 다시 한번 강조한다. K팝의 원형자산은 전통음
악 즉 국악이다. 한류 즉 K팝을 지속가능하게 하기 위해서는 국악의
대중화에 대한 기반 구축이 중요하다. 그 중 하나가 공영방송 등에서
의 역할인 '국악쿼터제'이다. 이는 국민들께 국악향유의 혜택을 증진
할 수 있는 기회로도 실현될 것이다.
'국악진흥법'의 비전은 젊은이들을 위한 것이어야 하고 미션 또한
젊은 국악인들의 다양한 창조 정신을 발휘하도록 해야 한다. 미래 세

대 비전에 대한 국악진흥 및 한류음악 증진 시스템 구축, 미션에 대한 다양한 창조적 시스템이 시행령에 반영되고 구축되어져야 할 것이다. 특정 기관에서 지원금 나눠주고 거기에 국악예술인들을 줄 세우고, 더 나아가 그 창작 지원금을 규제하고 감독하는 시행령이 되어서는 안 된다.

'국악진흥법'의 시행령은 국악진흥과 한류확산을 담보하면서 국악예술인들을 지원하는 새로운 창조적 시스템이 확장 내지는 구축될 수 있는 내용이 담겨져야 한다. 그것이 '국악진흥법'이 제정된 취지에 더 부합할 것이다.

그렇게 될 때 젊은이들의 미션은 다양한 창조 정신을 발휘하게 될 것이고 더욱 풍성하고 다색다양한 한류음악을 창조하는 것으로 기여할 것이다. (2024.1.16)